Alois Kothgasser
Mein Leben in Stationen

ALOIS KOTHGASSER

Mein Leben in Stationen

In Zusammenarbeit mit
Martin Kolozs

Tyrolia-Verlag · Innsbruck-Wien

Ein Priester muß sein
Ganz groß und ganz klein
Vornehmen Sinns wie aus Königsgeschlecht
Einfach und schlicht wie ein Bauernknecht

Ein Held der sich selbst bezwungen
Ein Mensch der mit Gott gerungen
Ein Quell von heiligem Leben
Ein Sünder dem Gott vergeben

Ein Herr dem eigenen Verlangen
Ein Diener den Schwachen und Bangen
Vor keinem Großen sich beugend
Zu dem Geringsten sich neigend

Ein Schüler von seinem Meister
Ein Führer im Kampfe der Geister
Ein Bettler mit flehenden Händen
Ein Herold mit goldenen Spenden

Ein Held auf den Kampfesstätten
Ein Weib an den Krankenbetten
Ein Greis im Schauen
Ein Kind im Trauen

Nach Großem trachtend
Das Kleinste achtend
Bestimmt zur Freude
Vertraut dem Leide

Weitab vom Neide
Im Denken klar
Im Reden wahr
Des Friedens Freund

Der Trägheit Feind
Feststehend in sich
Ganz anders als ich
Betet für mich[1]

---

1 Nach einer Salzburger Inschrift und zugleich vorangestelltes Gebet zu meiner Heimatprimiz am 12. Juli 1964.

Inhalt

Vorwort (Erzbischof Dr. Franz Lackner OFM) 9

1. Lichtenegg 11

2. Unterwaltersdorf 27

3. Turin 34

4. Rom 53

5. Benediktbeuern 71
Über den Bischof (Martin Kolozs) 79

6. Innsbruck 84
Was die anderen sagen 97

7. Salzburg 104
Was die anderen sagen 129

8. Baumkirchen 135

Nachwort (Martin Kolozs) 138

Anhang 141
  Lebenslauf von Alois Kothgasser 141
  Zuständigkeiten 143
  Würdigungen 145
  Verwendete bzw. weiterführende Literatur 146
  Personenregister 148

Vorwort

Mit diesem Buch legt mein hoch geschätzter Vorgänger Dr. Alois Kothgasser SDB nicht nur seine Lebenserinnerungen vor, sondern vor allem ein Zeugnis über seinen Glauben ab und all jene Überzeugungen, die ihm dafür Fundament und Motivation waren, sowohl als junger Priester und Ordensmann als auch als Erzieher und Lehrer sowie als Bischof von Innsbruck und Erzbischof von Salzburg.

Persönlich freue ich mich über diese Biografie, weil sie uns einen Menschen näherbringt, der uns mit vielen Aspekten seines Charakters ein Vorbild sein kann und dessen Authentizität und Sympathie wie Gottesliebe und Menschenfreundlichkeit ein glaubwürdiges Abbild der Kirche geben, so wie sie uns ursprünglich von Jesus Christus aufgetragen wurde.

Es ist spannend, aus diesen Aufzeichnungen zu erfahren, wie das Wort Gottes und die Anleitung durch viele liebe und gute Menschen den Wunsch im Ministranten Alois geweckt haben, sein ganzes Leben in den Dienst Gottes für die Menschen zu stellen, und wie dieses wunderbare Wirken des Heiligen Geistes ihn über alle Höhen und Tiefen des weiteren Weges getragen hat, vorbei an Stationen und Markierungen, über Stolpersteine und Hindernisse.

Es ist die Beschreibung eines langen Lebens, wie Erzbischof Alois Kothgasser selbst sagt, welches geführt wurde in großer Dankbarkeit und Zuversicht.

+ Franz Lackner OFM
Erzbischof und Metropolit von Salzburg

1.

Lichtenegg

Als ich später in meinem Leben einmal von einem Firmling gefragt wurde, ob ich schon immer an Jesus Christus geglaubt habe, erzählte ich von meiner Kindheit, meinen Eltern und Großeltern, dem alten Pfarrer meiner Heimatgemeinde St. Stefan im Rosental und dem jungen Herrn Kaplan, der mir, wie alle anderen auch, ein lebendiges und vor allem bleibendes Vorbild darin war, meinen Weg zu Jesus Christus im Gebet, bei der heiligen Messe und durch die Begegnung mit dem Nächsten zu finden.

Denke ich an diese Zeit zurück, erfüllt mich eine große Dankbarkeit, denn trotz des Krieges, der nur rund fünfzehn Monate nach meiner Geburt zu wüten begann und Europa und die ganze Welt ins Unglück stürzte, fehlte es mir und meinen Geschwistern an nichts, denn die kleine Landwirtschaft meiner Eltern Josef und Aloisia Kothgasser in der Teilgemeinde Lichtenegg warf für uns alle genügend ab. Wir hatten ein paar Kühe, Schweine und Hühner sowie ein kleines Stück Wald, ein Getreidefeld, einen Obstgarten und einen Kartoffelacker, auf dem wir Kinder neben der Schule und dem Dienst in der Kirche mithalfen, wenngleich ich heute gestehen muss, dass ich diese Arbeit nicht besonders mochte, weil sie mühsam und schmutzig war und ich damals außerdem nicht verstand, weswegen wir einen Großteil unserer Ernte an das Militär abgeben mussten. Aber mei-

Meine Eltern
Josef und Aloisia
Kothgasser
im Jahr 1964

ne Mutter, die während des Krieges gemeinsam mit unserer Magd Maria den Hof allein führen musste, erklärte es mir auf ihre unnachahmlich einfache und klare Art: „Der Papa ist im Krieg und braucht zu essen!"

In dieser Sorge füreinander wie für uns Kinder, aber vor allem durch ihr tägliches Glaubenszeugnis, das nicht übertrieben oder außergewöhnlich, sondern allenfalls gesund in seiner bodenständigen Frömmigkeit war, gaben meine Eltern mir ein lebenslanges und gutes Beispiel, ebenso wie meine Großeltern, an die ich zwar nur wenige, aber dafür umso prägendere Erinnerungen habe.

Väterlicherseits kannte ich nur den angeheirateten Groß-vater Martin Zach, der ein Zimmermann war und uns Kin-

Meine Großeltern
väterlicherseits
Martin Zach und
Josefa Kothgasser-Zach
um 1916

der oft in seine Werkstatt mitnahm, wo wir kleine Aufgaben für ihn übernehmen durften. Dabei habe ich mir einmal beim Schneiden der Weidenruten, die er zum Korbflechten benötigte, eine Verletzung auf meinem linken Handrücken zugezogen, welche man heute noch als helle Narbe sehen kann.

Meine Großmutter Josefa Kothgasser-Zach lernte ich hingegen leider nicht mehr kennen, aber ich stelle sie mir als außergewöhnlich starke Frau vor, denn sie hat meinen Vater (1903–1974) als uneheliches Kind zur Welt gebracht, was gerade zur damaligen Zeit und außerdem in einer ländlich geprägten Umgebung bestimmt keine leichte Situation und Aufgabe war.

13

Mütterlicherseits erinnere ich mich noch gut an die Großeltern: Josef und Maria Krisper. Sie hatten zehn Kinder, von denen meine Mutter (1906–1980) das älteste war, und betrieben in Krottendorf (Gemeinde St. Stefan im Rosental) eine große Landwirtschaft, wohin wir als Familie häufig zu Besuch gingen.

Dabei erinnere ich mich im Besonderen an zwei Auffälligkeiten: die schier grenzenlose Großzügigkeit und die unaufdringliche, aber dennoch alles tragende wie bestimmende Frömmigkeit meiner Großeltern. Denn immer, wenn wir bei ihnen waren, gab es einerseits ausreichend zu essen, selbst während der Kriegsjahre (1939–1945), in denen man notgedrungen darauf achtete, alles zusammenzuhalten, und andererseits erlebte ich sie als aufrichtig gläubige Menschen, die morgens wie abends vor dem Bett niederknieten, das Dankgebet bei Tisch sprachen oder im Advent, sogar neben der vielen Arbeit am Hof, im Stall und auf den Feldern, täglich zur Rorate gingen.

Das machte nicht nur auf mich einen großen Eindruck, sondern war schon früher meiner Mutter Aloisia in Fleisch und Blut übergegangen, die – anders als mein Vater Josef, der, obwohl er als Mesner in unserer Kapelle in Lichtenegg tätig war, einen eher in sich gekehrten Glauben praktizierte – offenherzig darüber sprach und uns Kinder darin bestärkte wie ermutigte.

Leider habe ich kein näheres Wissen darüber, wie sich meine Eltern in jungen Jahren kennengelernt haben, aber wahrscheinlich war es bei einer der vielen Gelegenheiten, die verschiedene Volksfeste, Kirtage oder ähnliche lustige Veranstaltungen am Land mit sich bringen. Geheiratet haben sie jedenfalls am 22. Februar 1933 und hatten, soweit ich das beurteilen kann, eine weitgehend glückliche und harmonische

Meine Geschwister: von links Hans, Maria, Josef und ich um 1942. Mein jüngster Bruder Michael kam 1949 auf die Welt.

Ehe, denn nie sah oder hörte ich sie miteinander streiten. Und auch was die Erziehung ihrer Kinder betraf, waren sie sich stets einig und zogen am selben Strang.

Als erstes von uns Geschwistern wurde mein älterer Bruder Josef geboren (1934–2008), schon im folgenden Jahr kam meine einzige Schwester Maria, genannt Mimi, zur Welt, und 1937 folgte dann ich am 29. Mai. Schon am darauffolgenden Tag wurde ich nach meiner Mutter auf den heiligen Aloisius von Gonzaga, einen jungen Jesuiten, getauft; meine Patin war meine Großmutter Maria, deren Namen ich später bei meiner Ordensprofess als meinen Ordensnamen annahm: Alois Maria Kothgasser SDB (= Salesianer Don Boscos).

Meine Mutter
(links) in jungen
Jahren mit einer
Freundin

Noch in Friedenszeiten, 1938, wurde dann mein jüngerer
Bruder Hans geboren. Und bereits während des Krieges hätte
unser fünftes Geschwisterchen auf die Welt kommen sollen.
Aber durch die körperlich stark beanspruchende Arbeit,
welche meine Mutter größtenteils allein verrichten musste,
weil mein Vater, bis auf wenige Fronturlaube, fünf Jahre lang
nicht zuhause sein und am Hof mithelfen konnte, starb das
kleine Leben noch vor der Geburt, zwar unbenannt, aber
nicht ungeliebt. Und noch heute denke ich daran und bete
dafür an jedem Tag.

Ebenso tue ich es für meinen Bruder Franz, der nur drei
Monate alt am 25. Mai 1947 an der Fraisen (= Epilepsie)

Mein Vater als
Jungmann

starb; es war umso tragischer, weil es genau der Tag meiner
Firmung war; als ich glücklich aus Graz nach Hause zurück-
kehrte, war die erste Nachricht, die ich hörte, die, dass das
Baby gestorben war.

Mein jüngster Bruder Michael kam 1949 als siebtes und
letztes Kind meiner Eltern zur Welt; wie ich wurde er Salesianer Don Boscos und am 31. Jänner 1978 zum Priester
geweiht.

Trotz dieser sicherlich schwierigen Jahre, die von Krieg
und Entbehrung sowie dem Verlustschmerz durch zwei
Kindstode geprägt waren, haben meine Eltern, insbesondere meine Mutter, ihren Mut, ihre Zuversicht und ihre Hoff-

nung nie verloren. Sie machten weiter, stützten einander und sorgten liebevoll für uns Kinder, denen sie, wie gesagt, nicht nur im Leben, sondern auch im Glauben vorbildlich vorangingen.

So willigte meine Mutter auch in den Vorschlag unseres Gemeindepfarrers und meines späteren Religionslehrers Dr. Josef Wiedner (1891–1973) ein, der zwar ein strenger, aber heiligmäßiger Mann und ein begnadeter Seelsorger war, der alle seine Schäfchen persönlich kannte und um jedes einzelne sich sorgte bzw. entsprechend kümmerte, mich bereits mit fünf Jahren auf die Frühkommunion vorzubereiten. Damit entsprach er dem Ansinnen Papst Pius' X. (= Giuseppe Sarto, 1835–1914), welches dieser in seinem Kommuniondekret „Quam singulari Christus amore – Über die rechtzeitige Erstkommunion" vom 8. August 1910 festgehalten hat:

„In eindeutiger Weise bezeugen die heiligen Evangelien, mit welch einer besonderen Liebe Jesus Christus auf Erden den Kindern zugetan war. Es freute ihn, sich von denselben umgeben zu sehen, wie es seine Gewohnheit war, ihnen die Hände aufzulegen, sie ans Herz zu drücken und zu segnen. Er ließ es nicht zu, dass sie von den Jüngern zurückgewiesen wurden. Daher sprach er zu ihnen die ernsten Worte: ‚Lasset die Kleinen zu mir kommen und wehret es ihnen nicht, denn ihrer ist das Himmelreich.' (Mk 10,14)

Buben und Mädchen sollen zum Tisch des Herrn zugelassen werden, wenn sie zu den Unterscheidungsjahren oder zum Vernunftgebrauch gelangt sind. Damit […] die Kinder von jetzt ab bereits im zarten Alter innig mit Jesus Christus verbunden sind, ihr Leben leben und Schutz gegen die Gefahren der Verderbnis finden können, hat diese heilige Kongregation nach reiflicher

Ich war ein leidenschaftlicher Ministrant (hier in der 2. Reihe der Vierte von rechts).

Überlegung [...] für die erste Kommunion der Kinder folgende allgemein zu beobachtende Vorschriften erlassen:

I. Das Unterscheidungsalter, sowohl für die Beichte als auch für die heilige Kommunion, ist dann, wenn das Kind zu denken beginnt, das bedeutet, ungefähr ab dem siebten Lebensjahr, manchmal etwas später, jedoch auch früher. [...]

II. Zur ersten Beichte und zur ersten heiligen Kommunion ist keine genaue und vollständige Kenntnis der christlichen Lehre erforderlich. Die Kinder müssen sich jedoch später den ganzen Katechismus entsprechend ihrer Fassungskraft stufenweise aneignen.

III. Die Religionskenntnis, die für das Kind erforderlich ist, um sich entsprechend auf die erste heilige Kommunion vorzubereiten, besteht darin, die zur Seligkeit unumgänglich notwendigen Glaubensgeheimnisse nach dem Maß seiner Fassungskraft zu verstehen und das eucharistische Brot vom gewöhnlichen leiblichen Brot zu unterscheiden, und mit einer seinem Alter entsprechenden Andacht zum Tisch des Herrn hinzutreten. [...]"

Alles das sah unser Pfarrer wohlwollend in mir erfüllt, weshalb ich nach einer gewissen Zeit der Vorbereitung, zu der mich meine Mutter mehrmals von zuhause in Lichtenegg nach St. Stefan ins Widum begleitet hatte, im Jahre 1942 während einer einfachen Werktagsmesse die erste heilige Kommunion empfing.

So sehr das Kirchenjahr mit seinen Festen und Andachten unser Familienleben bisher bestimmt hatte, so sehr wurde mein junges Leben fortan vom aktiven Dienst in der Kirche bestimmt. Denn schon kurz nach meiner Erstkommunion und zu Beginn meiner Volksschulzeit im September 1943 fing ich mit dem Ministrieren an, was mir einerseits großen Spaß machte und mir andererseits ein echtes Gefühl für den Dienst am Altar gab. Dennoch möchte ich an dieser Stelle noch nicht von einer Berufung zum Priesteramt sprechen, denn so aufrichtig mein Empfinden während des Messefeierns auch war, nachher war alles wieder anders und ich mit meinen Gedanken anderweitig beschäftigt. So war ich in diesen Jahren auch einmal in ein Mädchen verliebt, das ich im Schülerchor kennenlernte und gerne ansah. Und wenn daraus auch nichts Weitergehendes sich entwickelt hat, so zeigt es trotzdem, dass ich damals noch nicht wirklich daran gedacht habe, einmal Priester und Ordensmann zu werden, sondern vielmehr ein Familienvater.

Heute denke ich und bin davon überzeugt, dass ein Mensch, der nicht fähig ist, Familienvater zu sein, auch nicht Priester werden sollte. Denn wenn das priesterliche Leben nicht in echter Beziehung mit den Menschen und in Hingabe an diese gelebt wird, dann entstehen Vereinseitigungen und Ersatzbedürfnisse und diese oft in übertriebener Weise. Priester sind in einem gewissen Sinn – und ich kann sagen, ein Bischof noch viel mehr – Väter einer Großfamilie. Sie müssen sich eine gewisse Offenheit bewahren, damit sie für den Dienst am Menschen frei sind. Deshalb ist das zölibatäre Leben ein Segen. Es gibt wirklich eine große Freiheit, da zu sein, offen zu sein für die Menschen. Und es schenkt auch großes Vertrauen.

Ich glaube nicht, dass das Menschsein und auch die menschlichen Beziehungen durch den Zölibat leiden. Manchmal habe ich eher den Eindruck, dass wir ehelose Priester ein sehr reiches, ausgefaltetes Leben haben durch die vielen Begegnungen, die auch uns geschenkt sind. Der Einsatz bei den Kindern, der Jugend und den Menschen überhaupt ist ein Segen für eine solche Berufung, man hat Erfüllung. Und es ist wichtig zu sagen, dass man dadurch nicht auf Liebe verzichtet, sondern einen anderen Ausdruck von Liebe erfährt, der ebenso erfüllend und befriedigend ist. Aber darauf werde ich an anderer Stelle nochmals näher eingehen.

Bis zu meinem vierzehnten Lebensjahr ministrierte ich also leidenschaftlich gern und häufig in der Pfarrkirche von St. Stefan. Das hieß, wenigstens zweimal in der Woche vor dem Schulbeginn und an jedem Sonntag liefen ich und mein jüngerer Bruder Hans eine Dreiviertelstunde von unserem Wohnhaus in Lichtenegg zur Pfarrkirche, um an der heiligen Messe um sechs Uhr teilzunehmen, was nicht weniger bedeutete, als um fünf Uhr in der Früh aufzustehen und dennoch fit genug für den Schulunterricht zu sein, was mir jedoch, Gott sei Dank, recht gut gelang.

Bei einer solchen Messfeier geschah es dann, was ich zwar meinen Weckruf, aber noch nicht meinen eigentlichen Ruf zum Priester nenne, mir allerdings bedeutungsvoll für mein ganzes weiteres Leben erscheint: Wie immer während der Predigt von Pfarrer Josef Wiedner saßen wir Ministranten auf den Stufen unter der Kanzel und lauschten – der eine mehr, der andere weniger – seinen Ausführungen. Doch an diesem Tag hatten die Worte der Homilie eine besonders starke Wirkung auf mich. Vor allem war es ein Vers aus dem Markusevangelium, der mir im Gedächtnis blieb und mich noch lange, ich will behaupten bis heute, beschäftigte: „Was nützt es dem Menschen, wenn er die ganze Welt gewinnt, aber an seiner eigenen Seele Schaden leidet?" (Mk 8,36)

Es war und ist diese Frage, die mein religiöses Denken und Handeln seither bestimmt hat und welche zwar einfach gestellt, aber umso schwerer zu beantworten ist. Das wurde mir bereits damals klar, als ich sie zum ersten Mal hörte und nicht mehr aus meinem Kopf, meinem Herzen und meinem Gewissen bekam, sondern meine Gedanken dahin wälzte: „Wie kann man den Menschen beibringen, das zu begreifen?"

Das Drängen dieser Frage ist für mich weiterhin allgegenwärtig und unnachgiebig, und ich glaube, es ist Gott, der mich fragt und nicht aufhört zu fragen.

Kaplan Martin Hrvatič weckte in mir den Wunsch, Priester zu werden.

Letztlich war es ein junger Kaplan, der mir bei meinem Suchen nach Antworten die Richtung wies. Dazu muss ich allerdings vorausschicken, dass wir in unserer kleinen Gemeinde eine ganze Reihe guter Kapläne hatten, die sich vor allem in der Jugendarbeit hervortaten. Nur war es in meinem Fall eben Martin Hrvatič (1916–1984), der 1948 als Pfarrvikar nach St. Stefan kam und, wie seinerzeit Don Bosco, unter uns Kindern und Jugendlichen für einige Jahre wirkte.

Ursprünglich stammte er aus Cilli (= Cilje) in Slowenien und hatte in Laibach, dem heutigen Ljubljana, das Gymnasium der Salesianer besucht, wo er die Pädagogik der Vorsorge kennenlernte und verinnerlichen konnte, welche der heilige Don Giovanni Bosco (1815–1888) mit eigenen Worten so beschreibt:

„[Das Präventivsystem] besteht darin, dass man die Vorschriften und Ordnung eines Instituts bekannt gibt und dann sorgfältig darauf achtet, dass auf den Jugendlichen immer das achtsame Auge des Direktors und der Assistenten ruht. Diese sollen wie liebevolle Väter mit den Jugendlichen sprechen, ihnen bei jeder Gelegenheit als Führer dienen, gute Ratschläge erteilen und sie freundlich zurechtweisen. […] Dieses System stützt sich ganz auf die Vernunft, die Religion und die Liebenswürdigkeit. Deshalb schließt es jede körperliche Züchtigung aus und sucht, auch ohne leichtere Strafen auszukommen." (vgl. *Abhandlung über das Präventivsystem, 1877*)

Auf diesen drei Säulen – Vernunft, Religion, Liebenswürdigkeit – baute auch die Beziehung zwischen Kaplan Martin Hrvatič und uns Jugendlichen auf. Er nahm uns an, wie wir waren, förderte unsere verschiedenartigen Talente, bot uns Abwechslung und Beschäftigung durch Sport, Ausflüge, Theaterspielen und Singen und lehrte uns eine gesunde wie tiefwurzelnde Frömmigkeit, die er uns selbst am besten vorlebte. Kurz: Ich hatte ihn gern und sah zu ihm auf, und meine Mutter sagte noch später oft zu mir: „Ich sehe euch heute noch, wie ihr beim Essen schnell macht und den Berg hinunterlauft, zum Herrn Kaplan ins Pfarrhaus. Und ich habe gewusst, ihr seid in guten Händen."

Nachdem ich mit vierzehn Jahren im Frühsommer 1951 die achtjährige Volksschule abgeschlossen hatte, hätte ich eigentlich in Graz mit einer Lehre zum Kaufmann beginnen sollen. Aber es kam anders, und ich erinnere mich daran freudig und dankbar.

Es gab an diesem für mich entscheidenden Tag ein heftiges Gewitter und einige von uns aus der Jungschar konnten, weil die Bäche über die Ufer getreten waren, nicht gleich nach Hause gehen, sondern fanden Zuflucht im Pfarrhaus, wo wir von Kaplan Martin Hrvatič eine Jause bekamen und uns die Zeit mit Spielen vertreiben konnten.

Nachdem später alle gegangen waren, saß ich noch allein in einem Zimmer und blätterte in einem Buch des Malers Gebhard Fugel (1863–1939), dessen Darstellung des Kreuzweges mich völlig in Bann gezogen hatte.

Kaplan Martin Hrvatič setzte sich zu mir und kam gleich auf den Punkt – er fragte: „Was meinst du, könntest du Priester werden?"

Ich war darauf überhaupt nicht gefasst, bemerkte aber, dass die Vorstellung mich nicht kalt ließ. Also erbat ich mir etwas Bedenkzeit und sprach zuerst mit meiner Mutter, die nur meinte: „Ja, das musst du selbst wissen. Aber du weißt auch, dass das Studium einiges an Geld kostet, und wir haben nur eine kleine Landwirtschaft."

Und da mein Vater derselben Meinung wie meine Mutter war, teilten meine Eltern und ich dem Kaplan nach acht Tagen mit, dass ich zwar gerne Priester werden würde, aber wir Bedenken wegen der Kosten hätten.

Kaplan Martin Hrvatič wäre jedoch nicht er selbst gewesen, hätte ihn das auch nur eine Sekunde lang entmutigt oder hätte er gar zugelassen, dass ich in meinem nun offen kundgetanen Wunsch, Priester zu werden, entmutigt werden würde. Weshalb er schlichtweg antwortete: „Das soll euch nicht belasten. Ich werde mich darum kümmern und nach einer Weile werden andere kommen und ebenfalls ihr Scherflein beitragen."

So kam es, dass ich kurz darauf mit dem Kaplan nach Graz fuhr, wo er mir einen neuen Koffer, neue Bettwäsche und neue Schuhe kaufte. Und als wir vor der Stiegenkirche einem Jesuiten begegneten, der mit Kaplan Martin Hrvatič befreundet war, und dieser mit Blick auf mich fragte: „Wäre der junge Mann etwas für die Jesuiten?", lautete die Antwort wie selbstverständlich: „Nein, den hat Don Bosco schon geholt."

2.
Unterwaltersdorf

Der Abschied von zuhause fiel mir schwer. Und auch meinen Eltern und Geschwistern ging es nahe, als ich am 5. September 1951 ins Internat der Aufbaumittelschule in Unterwaltersdorf (Niederösterreich), das nach dem Krieg bis zum Staatsvertrag von 1955 in der russischen Zone lag, aufbrach und uns allen bewusst war, dass ich erst wieder im Sommer nach Lichtenegg zurückkehren würde, weil es damals so üblich war, nur in den großen Ferien heimzufahren, was wiederum bedeutete, Weihnachten, Ostern und alle anderen Feste, die man im Kreise der Familie zu feiern gewohnt war, getrennt voneinander verbringen zu müssen.

Kontakt hielten wir in diesen Monaten wie auch in den späteren Jahren, die ich in Italien und Deutschland verbrachte, durchs Briefeschreiben, wenngleich das natürlich kein wirklicher Ersatz für meine Liebsten in der Heimat war.

Schlussendlich geholfen hat gegen das große Heimweh der noch größere familiäre Geist, welcher im Missionshaus Maria Hilf, wie das Schülerheim in Unterwaltersdorf sonst noch genannt wurde, herrschte, und die verschiedenen Beschäftigungen, die man uns gab, um im Sinne Don Boscos eine ganzheitliche Erziehung für uns zu ermöglichen. So konnten wir neben dem intensiven Studium und Gebetsleben auch Spiele spielen, Feste vorbereiten und feiern, Sport treiben sowie Theater und Musik machen. Auf diese Weise wurde uns unmittelbar die salesianische Spiritualität und Lebensart beigebracht, die gegen jede einseitige Übertreibung ist:

„Man gebe große Freiheit, nach Herzenslust zu springen, zu laufen und zu lärmen. Turnen, Musik, das Vortragen von Gedichten, kleine Bühnenstücke und Wanderungen sind sehr wirksame Mittel, Disziplin zu halten und Gesundheit zu fördern. [...] Die Jugendlichen sollen nie zum Empfang der Sakramente gezwungen werden, aber man soll sie dazu ermutigen und ihnen auch bequeme Gelegenheiten dazu bieten. Anlässlich von Exerzitien, Novenen, Predigten und Katechesen soll die Schönheit, die Größe und die Heiligkeit unserer Religion hervorgehoben werden, die für die menschliche Gesellschaft und für den Herzensfrieden und das Seelenheil des einzelnen Menschen so einfache Mittel anbietet, wie es die Sakramente sind. Auf diese Weise bekommen die Jugendlichen Freude an diesen religiösen Übungen und beteiligen sich gern und mit Nutzen an ihnen. [...] Jeden Abend nach den gewohnten Gebeten, bevor sich die Jugendlichen zur Bettruhe begeben, richte der Direktor oder jemand an seiner Stelle das ‚Gute-Nacht-Wort‘, d. h. einige herzliche Worte an alle und gebe dabei Hinweise und Ratschläge, was zu tun oder zu unterlassen ist. Er bemühe sich, dass diese Hinweise sich auf das Tagesgeschehen innerhalb oder außerhalb des Hauses beziehen; seine Ansprache dauere aber nie länger als zwei oder drei Minuten. Das ist der Schlüssel zur Sittlichkeit, zum guten Gang und zum Erfolg in der Erziehung.‟ (vgl. *Abhandlung über das Präventivsystem, 1877*)

Diese Form der Ausbildung hat mir zugesagt, und ich habe bald bemerkt, dass man von der salesianischen Familie be-

Der Ordensgründer
Giovanni Bosco
war bekannt für
seine ganzheitliche
Pädagogik.

kommt, was einem guttut. Darum war es für mich nach drei Jahren in Unterwaltersdorf auch zweifelsfrei, dass ich das Noviziat beginnen wollte, welches mich aus der Aufbaumittelschule und dem Internat nach Oberthalheim bei Vöcklabruck (Oberösterreich) führte, wo ich für zwei Semester u. a. einen vertiefenden Unterricht in christlicher Spiritualität und der Erziehungsmethode Don Boscos erhielt. Zudem lernte ich Italienisch und fand Zeit, einige Werke des Ordensgründers sowie seine Biografie zu lesen, wodurch ich mich immer mehr mit dem Gedanken und dem Gefühl identifizierte, ein Leben mit Gott und für die Menschen zu führen.

Darin bestärkt wurden meine Mitschüler und ich auch durch die zahlreichen Besuche von Salesianern aus aller Welt, die uns über ihre Berufung erzählten und darüber, welches Vorbild sie in Don Bosco gefunden hatten, auf dessen Spuren sie sich bewegten. Ihr authentisches Zeugnis, das meiner Lehrer und Erzieher in Unterwaltersdorf und nicht zuletzt die glücklichen Jahre, die ich in der Jungschar in Lichtenegg erlebt habe und welche Kaplan Martin Hrvatič nach salesianischem Programm so wertvoll und unvergesslich gemacht hatte, machten mir meine Entscheidung leicht. Ich wollte als Salesianer Don Boscos anderen Jugendlichen beibringen, was mir als Jugendlicher beigebracht wurde und bis zum heutigen Tag gutgetan hat.

So legte ich am Ende meines Noviziats am 16. August 1955 meine ersten Ordensgelübde (= zeitliche Profess, drei Jahre) ab und empfand mit den Worten Don Boscos: „Wie schön ist es doch, wenn man seine Berufung Gott durch Gelübde anvertraut."

Die folgenden zwei Jahre ging ich dann wieder nach Unterwaltersdorf in die Aufbaumittelschule, wo alles seinem gewohnten Plan folgte: Studium, Sport und Musik. Dabei konnte ich mich mit dem Fach Mathematik nie anfreunden, war aber umso leidenschaftlicher in Erdkunde und Geografie. Beim Fußball wurde ich hauptsächlich im Mittelfeld eingesetzt, wo ich auf den späteren Mitbruder und Bischof von Linz Ludwig Schwarz (geb. 1940) als einen ausgezeichneten Stürmer traf. Und in der Schulmusikkapelle schlug ich bei Primizfeiern und anderen festlichen Anlässen die kleine Trommel, ohne die ein Marsch niemals beginnt.

Am 7. Juni 1957 machte ich schließlich meine Matura in den Fächern Griechisch, Latein, Geografie und Mathematik, wobei ich bei letzterem froh war, als es endlich vorbei war, bevor ich zum Schulbeginn im nächsten Herbstsemester mein Erzieherpraktikum bzw. meine Assistenzzeit anfing.

Der Begriff „Assistenz" ist ein wichtiges Schlüsselwort in der Spiritualität Don Boscos und in seiner „Pädagogik der Vorsorge", der elementar auf Liebe, Güte und Geduld der Erzieher bzw. der Assistenten als bestimmende Motive ihres Unterrichts und ihrer Freizeitgestaltung für die Jugendlichen aufbaut:

„Der Erzieher sei allen alles! Er sei immer bereit, jeglichen Zweifel und jegliche Klage der Jugendlichen anzuhören. Er sei ganz Auge, um wie ein Vater über ihr Verhalten zu wachen; er sei ganz Herr, um das geistliche Wohl derer zu fördern, die ihm die Vorsehung anvertraut hat." (vgl. Rombrief, 1884)

Abgeleitet vom lateinischen „adsistere" – „beistehen" meinte Don Bosco also keine alles streng überwachende und mit Strafen drohende Erziehung, sondern eine Pädagogik der begleitenden Anwesenheit, die sich durch aktives Hinhören, nützliche Hilfeleistung, aber auch die entsprechende Förderung und Maßregelung durch das eigene gute Beispiel zeigt. Damit plädierte Don Bosco nicht nur für das von ihm entwickelte „Präventivsystem" vor dem völlig gegensätzlichen „Repressivsystem", welches etwa mit Automatismen wie blinder Autorität und Bevormundung arbeitet, sondern macht sich auch für ein Menschenbild im Geiste des Evangeliums stark, vor dem man prinzipiell jedem Gegenüber, gleich welchen Alters oder welcher Herkunft, mit Respekt, Offenheit und Hilfsbereitschaft begegnet: „Caritas benigna est, patiens est; omnia suffert, omnia sperat, omnia sustinet." – „Die Liebe ist gütig und geduldig; sie erträgt alles, sie erhofft alles, sie hält allem stand." (vgl. Abhandlung über das Präventivsystem, 1877 und 1 Kor 13,7)

Als Erzieher waren wir jedenfalls vielfach gefordert, und wir schonten uns nicht. Ob beim Lernen mit den Jugendlichen, in der Freizeitgestaltung oder bei den auf das Missionshaus Maria Hilf bezogenen Putzarbeiten, wir waren ständig im Einsatz und uns der großen Aufgabe durchaus bewusst. Wir mussten jetzt Führung übernehmen, jedoch ohne großmännisch aufzutreten oder anzuschaffen, und Verantwortung für unsere Schüler tragen, auf die gleiche Art und Weise wie es ihre Eltern bisher für sie getan hatten, mit einer gesunden Mischung aus Autorität und Zuwendung.

Dafür war ich als gerade zwanzigjähriger Assistent im September 1957 nach Unterwaltersdorf an das neu begonnene Realgymnasium zurückgekehrt und nahm dort meine Erziehertätigkeit auf, wobei ich mich in schwierigen Fragen, Situationen und Herausforderungen immer auf die Hilfe meiner älteren Mitbrüder verlassen konnte. Zudem besuchte ich verpflichtend pädagogische Fortbildungskurse, studierte nebenbei, aber trotzdem ernsthaft und intensiv Philosophie und leitete eine spirituelle Gruppe, die wir nach dem heiligen Dominikus Savio (1842–1857), dem Lieblingsschüler Don Boscos, benannt hatten.

Am 16. August 1958, dem Geburtstag des Ordensgründers, legte ich dann meine ewigen Gelübde ab, bevor ich ein Jahr später von meinem Provinzial Pater Georg Nitsch SDB (1900–1973) nach Klagenfurt (Kärnten) entsandt wurde, um in einem Schülerheim für Hauptschüler des Vinzentinums mein nächstes Erzieherpraktikum zu beginnen. Hier, in einer weitaus realeren Situation als in Unterwaltersdorf, wo es vergleichsweise ruhig und geordnet ablief, begriff ich, was Don Bosco seinerzeit meinte, als er sagte: „Mein Erziehungssystem ist leicht für die Jugendlichen, aber hart für die Erzieher." In Klagenfurt hatte ich es nämlich vermehrt mit Jugendlichen zu tun, die ihre Schwierigkeiten hatten und an denen die „Pädagogik der Vorsorge" wahre Wunder verrichten musste – und es auch vermochte:

„Wie auch immer der Charakter, das Wesen und die sittliche Verfassung eines Jugendlichen bei seiner Aufnahme seien, seine Familie kann sicher sein, dass ihr [Kind] nicht schlechter wird, sondern dass mit Gewissheit immer eine Besserung eintritt. [...] Wenn doch einmal Jugendliche mit schlechten Gewohnheiten in einer Erziehungseinrichtung aufgenommen werden sollten, können sie ihren Kameraden nicht schaden und auch auf die Guten keinen schlechten Einfluss ausüben. Denn dazu ist weder die Zeit, noch der Raum, noch die Gelegenheit, weil der Assistent, dessen Gegenwart wir voraussetzen, sogleich Abhilfe schaffen würde." (vgl. Abhandlung über das Präventivsystem, 1877)

Nach Abschluss des Schuljahres 1959/60 rechnete ich mit allem, aber nicht mit dem Folgenden: Wieder war ich zum Provinzial der Salesianer Don Boscos in Österreich nach Wien gerufen worden, zu dem Mann, der mir noch einige Jahre zuvor untersagt hatte, in die Mission nach Brasilien zu gehen, mich jetzt aber zum Theologiestudium nach Italien schicken wollte: „Im Noviziat hast du Italienisch gelernt, nun kannst du es in Turin anwenden!"

Es war das erste Mal, dass ich außerhalb von Österreich reisen sollte.

3.

Turin

Offen gestanden fiel mir der Übergang anfangs nicht leicht; es war fast zu viel auf einmal für mich gewesen: eine neue Umgebung, eine andere Sprache, die ich zwar gelernt hatte, die sich im Alltag aber anders, vor allem schneller und dadurch unverständlicher anhörte, und Latein als Unterrichtssprache in fast allen Fächern und Kursen, die an der Salesianischen Internationalen Hochschule Crocetta in Turin gegeben wurden. Kurz: Ich musste mich sehr anstrengen, wusste jedoch, dass es eine einmalige Chance für mich war, die ich nutzen wollte. Vor allem deshalb, weil mir die Gemeinschaft der Studenten aus damals sechzehn Nationen – in meinem Kurs mit dreiunddreißig Mitbrüdern –, der angeregte und beseelte Austausch untereinander und der allgegenwärtige Geist Don Boscos, der sein Werk nur eine halbe Stunde Fußweg von uns entfernt begonnen hatte, gefiel und mich in meinen Bemühungen, hier rasch heimisch zu werden und eifrig zu lernen, bestärkte.

Dadurch weitete sich einerseits mein Blick auf die Welt in ihrer Vielfalt und gelebten Andersartigkeit, welche verschiedene Antworten auf ein- und dieselbe Frage geben konnte, ohne dass nur eine davon richtig und alle anderen falsch wären, andererseits erhielten wir von unseren durchwegs hervorragenden Professoren eine solide Ausbildung in Theologie, wovon mich die Bibelexegese wohl am nachhaltigsten

Die Maria-Hilf-Basilika in Turin auf einer historischen Aufnahme

beeindruckte, da sie meine Liebe zur Heiligen Schrift weiter wachsen ließ, auf deren Texten ich als Dogmatiker später aufbauend forschte und lehrte.

Es waren vor allem Don Giuseppe Quadrio SDB (1921–1963), dessen Seligsprechungsprozess bereits eingeleitet wurde, und Don Nazareno Camilleri SDB (1906–1973), dem ich später als Professor für Dogmatik nachfolgen sollte, sowie die Veröffentlichungen von Heinrich Schlier (1900–1978) und Rudolf Schnackenburg (1914–2002), welchem ich nach Jahren auf einem Kongress in Rom noch begegnen sollte, die mein vertiefendes Interesse weckten und meinem Studium und damit meinem Leben eine gewisse Richtung gaben.

In solchen geordneten Bahnen verlief die Zeit und mit ihr meine Ausbildung in Turin, wo ich am 9. Februar 1964

Am 9. Februar 1964 wurde ich in Turin zum Priester geweiht
(1. Reihe, 3. von rechts).

in der Maria-Hilf-Basilika von Bischof Giuseppe Cognata
SDB (1885–1972) zum Priester geweiht wurde. Normalerweise hätte das Datum der 11. Februar 1964, der Gedenktag
der Mutter Gottes von Lourdes, sein sollen, aber weil es in
diesem Jahr ein Faschingsdienstag war, fiel die Entscheidung
auf den Sonntag davor.

Wenn ich die Fotos dieses Tages betrachte, wie wir beinahe Neupriester in der Mitte der Basilika kniend beten und
danach ausgestreckt mit dem Gesicht zum Boden liegen, um
dadurch auszudrücken, dass wir uns ganz Gott anvertrauen
wollen, bin ich dankbar für meine Berufung und den Weg,
auf den sie mich geführt hat.

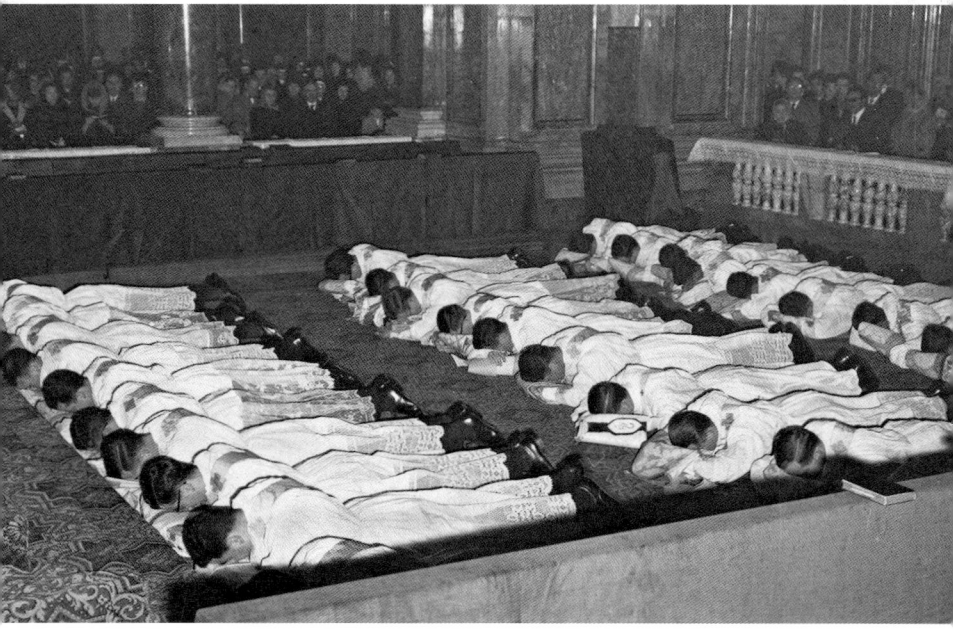

Die Haltung mit dem Gesicht auf den Boden liegend will ausdrücken, dass der Weihekandidat sich ganz Gott anvertraut.

An dieser Stelle erscheint es mir notwendig, ein paar Zeilen zum Thema Zölibat und dessen Abschaffung bzw. Freistellung zu schreiben, weil es dabei ebenfalls um eine Frage der Berufung geht.

Es steht außer Frage, dass sich in der Gesellschaft und mit ihr der Blick auf den Priester und sein Amt, dessen Möglichkeiten und Befugnisse etc., gewandelt hat, was den Weg in ein zölibatär geführtes Leben für den Einzelnen schwieriger macht, als es etwa zu meiner Zeit war, als man als geweihter Mann automatisch ein gesellschaftliches Ansehen genoss und die Entscheidung, ehelos unter den Menschen zu leben, von diesen mitgetragen und respektiert wurde. Das ist heutzutage zu einem gewissen Grad bestimmt anders geworden, weshalb wir als Kirche die kulturelle und soziale Lage der Gegenwart stärker bedenken und berücksichtigen müssen, wenngleich das auch heißen muss, nicht nur auf den flüchtigen Zeitgeist, sondern auf den Heiligen Geist zu hören. Mit anderen Worten: Die Entscheidung über den Zölibat, seine Beibehaltung, Abwandlung oder Aufhebung kann ausschließlich auf dem Fundament eines christlich geführten Lebens getroffen werden, da ich nicht denke, dass jemand, der nicht aus der Tiefe des Geistes lebt, die Verantwortung in dieser Frage mittragen kann oder soll. Insofern ist es sowohl eine Frage der Berufung als auch der Unterscheidung, welche die (westliche) Kirche als Ganzes betrifft.

Die Frage, ob es neben den Berufen Diözesanpriester und Ordenspriester, die eine Ganzhingabe an den priesterlichen Dienst und die Menschen einfordern, noch eine dritte Wahlmöglichkeit geben soll (das ständige Diakonat sei in dieser Betrachtung bewusst ausgeklammert), kann nur beantwortet werden, wenn vorab in der Ausbildung geklärt wird, ob es etwas wie eine Doppelberufung, also eine gleich starke Berufung zu Ehemann- und Priesterdasein gibt, und ob es sich dabei tatsächlich um eine echte Berufung handelt. Denn was wäre damit gewonnen, wenn verheiratete Priester zwischen ihrem Dienst an der Gemeinschaft und ihrem Dienst an ihrer Familie zerrieben und unglücklich würden?

Die Feststellung, es hätte auch in den ersten vier Jahrhunderten nach Christus verheiratete Priester und Bischöfe gegeben, stimmt zwar, kann jedoch in der aktuellen Diskussion nicht als stichhaltiges Argument verwendet werden, da sich wohl nachweislich und einsichtig die gesellschaftliche wie familiäre Struktur von damals bis heute radikal verän-

Das war der Augenblick meiner Priesterweihe durch Bischof Giuseppe Cognata.

dert hat. So ist das Zusammenleben von Mann und Frau ein gänzlich anderes geworden, was etwa die Gleichberechtigung untereinander und die Arbeitsteilung bei der Erziehung der Kinder betrifft, wodurch sich in der Beziehung der Partner zwar einiges zum Guten gewandelt hat, aber für einen eventuellen priesterlichen Dienst weniger Platz und Kraftressourcen bleiben.

Es sind praktische Probleme wie dieses, welche beim Nachdenken über den Zölibat zuallererst gelöst werden müssen, bevor es überhaupt zu einer definitiven Entscheidung kommen kann, die meiner Meinung nach weder vom Papst allein noch von einer Bischofssynode, sondern nur in einem Konzil getroffen werden darf, zu dem, um wirklich die ganze Weltkirche stellvertretend einzubeziehen, mehr Laien und vor allem Frauen eingeladen werden sollten als bei vorangegangenen Zusammenkünften.

Auf diese Weise wird das Ringen um eine endgültige Lösung in der Frage nach dem Zölibat (sowie andere „heiße Eisen") authentischer und eröffnet vielleicht auch die Chance, breitere Aufmerksamkeit und echtes Interesse in der Welt zu erzeugen, was wiederum zu neuen Priesterberufungen führen kann.

Überhaupt denke ich, dass jede Zeit ihre Fragen hat. Mich macht jedoch nachdenklich, dass die Kirche solche Fragen oft erst entdeckt, wenn sie die Gesellschaft schon längst stellt. Warum greifen wir aus dem Evangelium heraus manches nicht schon früher und umfassender auf? Vielleicht müssen wir das Potential, das in der Bibel vorhanden ist, noch mehr ausschöpfen und uns von ihm inspirieren lassen. Etwa die Stellung der Frau näher ins Auge zu fassen und zu ergründen ist längst überfällig. Wir müssen den Sinn der alttestamentlichen Schöpfungserzählung, den Umgang Jesu mit den Frauen in der Bibel und das selbstverständliche Miteinander in der Urkirche entdecken. So wird uns die grundsätzlich gleiche Würde von Mann und Frau neu bewusst. Neben dieser grundsätzlichen Würde von Frau und Mann als Abbilder Gottes und menschliche Personen ist die je konstitutionelle Unterschiedenheit gar nicht so leicht zu bestimmen. Die Humanwissenschaften sind sich wenig einig, welches die konstitutiven Merkmale des Mann- und Frauseins sind. Die feministische Bewegung unterliegt der Gefahr, im Ausschlag des Pendels manches zu extrem zu sehen und zu formulieren. Trotzdem hat sie wichtige Fragen eindringlich gestellt. Durch diese Fragen sind neue Werte, neue Haltungen und neue Möglichkeiten des Miteinanders, auch des Mitarbeitens für Frauen sichtbar geworden. Wir müssen nun darangehen, sie konkret zu verwirklichen. Natürlich stellen sich dann – teilweise mit einem gewissen Drängen – die weiterführenden Fragen: Wenn Beteiligung möglich ist, warum geschieht sie dann nicht in den Ämtern? Warum gibt es kein Diakonat und kein Priestertum der Frau? Zunächst gilt es, das Gemeinsame des Christseins ins Bewusstsein zu rufen. Das entscheidende Merkmal unseres Christseins, das uns Gott in Taufe und Firmung geschenkt hat, ist die Liebe. Diese sollen wir annehmen, weitergeben und im Dienst an den Menschen leben. Wer das tut, hat das Wesentliche schon getan. Die Ämter der Kirche müssen dieser grundlegenden Berufung dienen. So relativiert sich das Amt auf diesen Schwerpunkt hin. Momentan scheint mir in der Diskussion vieles zu sehr auf das kirchliche Amt fixiert zu sein. Dabei besteht die Gefahr, dass wir das eigentliche Christsein aus dem Auge verlieren. Wir streiten uns um Ämter und Dienste und vergessen, dass es zuerst immer um die Liebe geht. Die Mitte des Christseins ist die Agape. Wo sie gelebt wird, dort verwirklicht sich das ganze Christsein des Dienstes. Damit die Agape gelebt werden kann, braucht es den Dienst des Amtes. So ist das Amt letztlich ein Dienst der Agape. Wenn dies alles zuerst bedacht wird, können wir leichter darüber nachdenken, wie in veränderten Zeiten manche Aufgaben anders verteilt werden können. Die Kirche bleibt eine Gemeinschaft, die sich immer wieder neu auf ihren Ursprung besinnen muss. Gleichzeitig ist ihr der Geist Gottes geschenkt, auch Dinge zu tun, die nicht unmittelbar dem Evangelium zu entnehmen sind. Es gibt einen „sensus plenior", d. h. einen volleren Sinn der Heiligen Schrift, der nicht unmittelbar auf der Hand liegt. Diesen haben die Christen oft erst im Lauf der Jahrhunderte aufgrund von Anfragen und neuen Herausforderungen entdeckt. Der Geist Gottes kann auch die Frage der Stellung und Mitarbeit der Frau in der Kirche neu aufwerfen. Grundbedingung ist der gemeinsame Weg des Betens, Suchens, Diskutierens und der sorgsamen Auseinandersetzung. So sind letztlich alle Fragen, die mit Ämtern der Frauen zu tun haben, eine Sache der Gesamtkirche und der gemeinsamen Rückfrage an Jesus. Entscheidungen in dieser Frage können nur in synodal-konziliaren Vorgängen getroffen werden, die sich folgende Fragen stellen: Was ist wirklich der Wille Gottes? Was hat Jesus vorgelebt? Wie können wir heute und morgen der ganzheitlich gesehenen Not der Menschen begegnen? Bei allen Fragen, die anstehen können, geht es letztlich immer um eine bessere Verwirklichung der Agape.

Meine erste heilige Messe feierte ich am 10. Februar 1964 in der Pinardi Kapelle, an genau dem Ort, von wo aus Don Bosco sein großartiges Werk gestartet hat, und ziemlich ge-

Meine Eltern, mein Bruder Michael und einige Verwandte und Förderer mit mir und dem Provinzial der Salesianer P. Gerhard Grieb nach der ersten heiligen Messe in Turin

nau einhundert Jahre nach Baubeginn der Maria-Hilf-Basilika von Turin, in die sowohl das Oratorium von Valdocco (1846) als auch die Kirche des heiligen Franz von Sales (1852) eingegliedert wurden und sich die Gräber des Ordensgründers, seines Schülers Dominikus Savio sowie der ebenfalls heiliggesprochenen Maria Domenica Mazzarello (1837–1881), der Gründerin der Töchter Mariä, Hilfe der Christen (= Don Bosco Schwestern) befinden.

Wie tags zuvor bei meiner Priesterweihe, waren bei meiner Primiz meine Eltern, mein jüngerer Bruder Michael, einige Verwandte und Förderer meines Studiums anwesend, worüber ich mich freute, weil es damals nicht selbstverständlich war, weit zu reisen bzw. die Landwirtschaft länger unbestellt zu lassen.

Ein Ausflug mit meinen Kollegen in Turin

Ein besonderes Andenken, das ich an dieses wichtigste und schönste Ereignis in meinem Leben erhalten habe, ist ein handgeschriebener Brief meiner Mutter, den ich hier wiedergeben möchte, weil er zeigt, was es damals für einen selbst, die Familie und Gesellschaft bedeutet hat, zum Priester geweiht zu werden.

„Lieber Alois!
Wir wünschen Dir Gottes reichsten Segen zu Deinem großen Ehrentag und durch Dein ganzes Leben. Möge Dir der Weihetag stets Erinnerung und Mahnung sein.
Mögest Du nur so bleiben wie du es immer her schon warst, wüsste nicht, wo ich mahnen sollte. Dass nur ER Dein Höchstes ist, das weiß ich.

Eines noch, schau auch auf Deine Gesundheit, damit Du recht viel wirken kannst, als Stellvertreter Jesu Christi. Der Segen Gottes und der Segen Deiner Mutter, sowie auch mein Gebet begleite Dich auf all Deinen Wegen. Das sei Dein Weihe-Geschenk. Ein kleines Andenken Deiner Mutter."

Dieses Gefühl des Bestärkt- und Begleitet-Seins in meinem festen Entschluss, Salesianer Don Boscos und Priester zu werden, durfte ich nochmals während meiner Heimatprimiz in Lichtenegg am 12. Juli 1964 intensiv erfahren. Tatsächlich war es ein großes Volksfest, zu dem die Leute nicht nur aus unserer Gemeinde St. Stefan im Rosental, sondern von nah und fern kamen.[2]

Martin Hrvatič, mein ehemaliger Kaplan und Jungscharführer, der inzwischen Pfarrer von Fladnitz an der Teichalm

---

2   Vgl. Chronik der Pfarre St. Stefan im Rosental, Band II, S. 136f: „Während die Herstellungsarbeiten an der Pfarrkirche am Freitag, den 10. Juli 1964, abgeschlossen wurden, mußten in dieser Woche schon die Vorbereitungen für die Primiz des Salesianerpaters Alois Kothgasser getroffen werden. Unter großer Teilnahme der Pfarrbevölkerung fand der Einzug am Samstag, den 11. Juli, statt. Nach der üblichen Begrüßung bei dem Rüsthaus wurde der Primiziant in die Pfarrkirche geleitet, hielt dort eine Segensandacht und seine erste Predigt an die Pfarrfamilie. Sonntag, den 12. Juli, zog der Primiziant nach Begrüßung beim Pfarrhof und Überreichung von Kelch und Kreuz mit den Festgästen, der Geistlichkeit und des Kirchenchores in die Pfarrkirche ein. Die Primizpredigt hielt Pfarrverweser von Fladnitz auf der Teichalpe H. H. Martin Hrvatič. Der Kirchenchor brachte in voller Besetzung die Spatzenmesse von Mozart. Das Primizmahl wurde im Pfarrsaal eingenommen. […] Anzeichen der Berufung zeigten sich schon als er an der Hand der Mutter zur Frühkommunion geführt wurde. Schon damals zeigte sich sein Eifer, seine religiöse Aufgeschlossenheit. Sein Talent kann als hervorragend bezeichnet werden und sein Eifer beispielgebend. So ist zu hoffen, daß er seiner engeren Heimat Lichtenegg u. seiner Heimatpfarre St. Stefan zur Ehre gereichen wird."

(Steiermark) geworden war, hielt eine fantastische Primiz-predigt, die mir bis heute im Ohr klingt und für mich und mein weiteres Leben wie Wirken vielfach Aufmunterung, Warnung und Stütze geblieben ist.

„Hochwürdiger Herr Primiziant, liebe priesterliche Mitbrüder! Liebe Brüder und Schwestern von Nah und Fern!

Die Welt beurteilt und schätzt einen Menschen nach seinen Er-folgen. Sie rechnet gerne in blanken Zahlen diese Erfolge aus, um damit behaupten zu können: Seht, welch tüchtiger und wert-voller Mensch!

Die Welt liebt nach dem Maßstab des Erfolges auch ein Priest-erleben zu messen und zu beurteilen, um die Bedeutung eines Priesters für die Pfarrgemeinde, für die Öffentlichkeit hervorzu-heben.

Mag dies alles gut und ehrlich gemeint sein, dennoch müssen wir uns heute fragen: Machen erst die Erfolge einen Priester groß und wert?

Wir feiern doch heute eine Primiz und ehren heute einen neugeweihten Priester, einen aus dieser Pfarrgemeinde stam-menden Sohn. Ihr seid von Nah und Ferne gekommen, um an dem Erstlingsopfer dieses Neupriesters teilzunehmen und seinen Primizsegen zu empfangen! Warum das alles, da er, nach dem Urteil der Welt, noch keine Erfolge, keine seelsorglichen Erfolge vorweisen kann?

Warum diese Feierlichkeit? Warum diese Ehrung?

Die Antwort darauf ist nicht schwer: Das geschieht deswe-gen, weil wir Christen unsere Priester ehren und schätzen wegen ihres Weihesakramentes, wegen ihres Priestertums, und nicht ob ihrer priesterlichen Erfolge. Im Leben des Priesters gibt es keine

Die Primizpredigt meines ehemaligen Kaplans und Jungscharführers Martin Hrvatič werde ich nie vergessen.

Erfolge. Mehr als jedes andere Leben ist das Leben des Priesters Gnade. Er ist nur Diener und Knecht. Er darf nur Werkzeug sein in der Hand Gottes – ER muss Erfolg haben, nicht wir!

‚Nicht ihr habt mich erwählt! Ich habe euch erwählt!' So sagt Christus zu den ersten Primizianten im Abendmahlsaal.

Man kann einen Beruf erwählen und kann ihn erlernen. Und wenn man eines Tages erkennt, daß die Wahl eine falsche war, sattelt man um und wählt etwas anderes.

Den Beruf des Priesters wählt man nicht. Zum Priestertum wird man gerufen und auserwählt von Gott. Der Berufene hat dann die Wahl zu sprechen: Da bin ich Herr! Oder: Ich komme nicht! In diesem Fall geht der Beruf verloren.

Gott wählt zum Priester, wen er will!

Als Priester bin ich schon so manchem jungen Menschen begegnet, der nach menschlicher Berechnung alle Eigenschaften besaß, die für einen tüchtigen Priester notwendig sind. Aber er ist nicht Priester geworden, weil Gott einen zum Priestertum nur nach seinem heiligen Willen beruft und nicht, weil er nach menschlicher Voraussicht und Berechnung einen tüchtigen Priester ausmachen könnte. Gerade deswegen ist der Priester in dieser Welt ein Zeichen des Widerspruchs. Die Guten freuen sich seines Kommens und seines Grußes. Sein Vorübergehen ist ihnen schon ein Trost. Die Schlechten erschrecken, wenn sie ihn sehen, denn er ist wie ein stumme Stimme Gottes, wie eine glühende Mahnung des Gewissens, wie ein brennender Stich, der in das Innere geht.

Gott ist eben unsichtbar in seinem Wesen und Christus ging wieder hinweg von dieser Erde, auf der er nicht immer in leiblich-menschlicher Gestalt bleiben wollte. Aber etwas blieb: ein Zeichen von Gott, denn Gott selbst muss Zeichen haben unter den Menschen. Und lebendiges Zeichen seiner unsichtbaren Gegenwart, das ist er, der Priester. Einsam und ohne alle menschliche Bindung hinausgeworfen in die Gegensätze des Lebens, preisgegeben der verführerischen Schmeichelei und dem tötenden, erstickenden Spott der Welt. Handwerkzeug, das Gott benutzt, zum Erfolg und Misserfolg.

So ist der Priester ein Tor geworden zum Herzen Gottes. Er kennt wie keiner die Sünde der Menschen. Und dennoch muss er schweigen und trägt wie ein dienendes Lasttier an dieser Schuld. Es gibt keinen, der so die Schmerzen und Leiden der Kranken und Gebrechlichen miterlebt, und dennoch soll er nicht heilen wie ein Arzt, darf sich nicht mühen das Leid zu tilgen aus dieser Welt, sondern darf es nur mitnehmen auf die Opferschale, die er zum Altare trägt.

Niemand kennt die Wege Gottes wie er, die Wege der Erlösung und der Rettung, die Wege des Friedens und der Ruhe, und doch darf er niemand zwingen, kann keinen mit Gewalt hinwegreißen von einem falschen Weg; er darf nur wie ein stummer Wegweiser immerdar am Scheideweg stehen und beten und opfern und sühnen für die Irrenden, die das Zeichen nicht achten.

Niemand spürt wie der Priester die Kraft und Herrlichkeit der Gnade Gottes und die Seligkeit, die Gott jenen bereitet, die ihn lieben, und dennoch muß er selbst erleben, wie gebrechlich der Mensch ist, wie leicht er vom Schein der Lichter dieser Welt geblendet, vom Lichte Gottes sich abwendet und versagt.

Er steht so nahe am Altar, trägt das Heiligste in gesalbten Händen, ist aus der profanen Welt hinweggenommen und hineingestellt in die innerste Nähe Gottes, und dennoch mitten in dieser Welt gelassen, in dem Staub der Straße, ein Gefäß der Gnade für alle, die unter der Macht des Bösen schmachten und ein Zeichen der unendlichen Liebe und Barmherzigkeit Gottes zu den Menschen, ein Gruß der Ewigkeit.

Das, meine lieben Brüder und Schwestern, ist die Größe und der Wert des Priesters.

So hat die heutige Primiz ihre Berechtigung. Und aus unserer Seele möge heute ein Dankgebet zum Himmel steigen, dafür, daß Gott einen aus dieser Pfarrgemeinde auserwählt hat zum lebendigen Zeichen seiner Gegenwart und seiner Liebe zu uns; und ein Bittgebet, Gott gebe unserem sehr geehrten Primizianten seinen Segen und seine Kraft, damit er in allen seinen Priesterjahren eines bleibt: das lebendige Zeichen Gottes und das Tor zum Herzen Gottes für alle Menschen. Amen!"

Die Heimatprimiz am 12. Juli 1964 war ein Volksfest mit Leuten aus nah und fern. Pfarrer Dr. Josef Wiedner überreichte mir die Stola.

Nach der Erteilung des Primizsegens wurde im Pfarrsaal Mahl
gehalten und gefeiert.

Im Monat davor hatte ich noch mein Lizenziat (= Lehrerlaubnis) mit einer Arbeit zur Theorie der Dogmenentwicklung erworben und rechnete jetzt fest damit, nach Abschluss meines Theologiestudiums und der empfangenen Priesterweihe in meine Heimatprovinz Österreich zurückzukehren, um dort etwa in der Jugendarbeit eingesetzt zu werden.

Aber Gottes Pläne waren wieder andere für mich: Nach dem Wunsch von Pater Georg Söll SDB (1913–1997), der zuerst Dogmengeschichte in Turin und seit 1965 in Rom unterrichtete, wohin die Salesianer Don Boscos inzwischen den Hauptsitz ihrer Hochschule Pontificio Ateneo Salesiano verlegt hatten, sollte ich ihm nach meiner Promotion in Dogmatik als Professor auf dem Lehrstuhl an der Philosophisch-Theologischen Hochschule in Benediktbeuern (Bayern) nachfolgen, wo er gleichzeitig Direktor der salesianischen Hausgemeinschaft war.

So wurde beim damaligen Provinzial von Österreich Pater Gerhard Grieb SDB (1911–2003) um Zustimmung für meine Freistellung zum Doktoratsstudium angesucht, die er mir erteilte, womit mein neues Ziel die ewige Stadt wurde.

4.

Rom

Dies war nicht nur ein spannender Aufbruch und ein er-
wartungsreicher Neubeginn für mich, sondern gleichzeitig
auch für die römisch-katholische Kirche, die in den Jahren
1962 bis 1965 das Zweite Vatikanische Konzil in Rom ab-
hielt, dessen unmittelbarer Zeuge ich an den letzten beiden
Sitzungstagen, dem 7. und 8. Dezember 1965, im Petersdom
war.

Schon in Turin hatten wir den Fortgang dieses historischen Zusammentreffens von Bischöfen, Theologen, Or-
densleuten, Beratern und Gästen aus aller Welt fieberhaft
beobachtet und hörten Vorträge verschiedener Konzilsväter
und Periti (= Konzilstheologen) wie Kardinal Franz König
(1905–2004), Karl Rahner SJ (1904–1984) und Joseph Ratzinger (geb. 1927), welche uns immer wieder auf den neu-
esten Stand der Verhandlungen brachten.

Es tut mir leid, wenn manche Christen das Konzil als einen Betriebsunfall der Kirche bezeichnen. Im II. Vatikanum
ist vielmehr ein Riesendurchgang des Heiligen Geistes in
unserem Jahrhundert angebrochen. Die katholische Kirche
stellte sich Fragen nach ihrem Selbstverständnis: Wer ist sie?
Wozu existiert sie? Wie soll sie ihre Sendung in der Welt von
heute leben?

Hinzu kam die Erneuerung der Kirche, das sogenannte
„Aggiornamento". Dieser Begriff bezeichnet die innere Re-

form der Kirche, aber auch die Reform ihrer Beziehung, die Frage der Standortbestimmung: Auseinandersetzung mit dem Fortschritt, Gespräche mit der Wissenschaft, Öffnen für die Ökumene, Aufnehmen von Beziehungen zu den anderen Religionen wie Judentum, Islam, Buddhismus und Hinduismus, Zugehen auf die Nichtglaubenden – seien sie ausdrückliche, praktische oder auch unbewusste Atheisten.

Das Zweite Vatikanische Konzil hat eine neue Epoche in der Geschichte der katholischen Kirche eröffnet, die noch länger nicht eingeholt ist. Wir Christen leben immer noch in der Sorge, zu viel an Traditionen zu verlieren, und noch nicht mit dem Mut, die Zukunft zu gewinnen.

Einer der Wendepunkte – und für mich das wichtigste Ergebnis des Konzils – ist das Neuentdecken des Wortes Gottes. Das eigentliche Reformdokument des II. Vatikanums ist die Offenbarungskonstitution „Dei Verbum" über das Wort Gottes, nicht die Dogmatische Konstitution über die Kirche „Lumen gentium". Diese ist vielmehr als Folge von „Dei Verbum" her zu verstehen.

Die Offenbarungskonstitution bietet einen neuen und umfassenden Zugang zur Bibel. Dieser neue Zugang bietet dann die Chance, dass die Kirche, wie in „Lumen gentium" geschehen, vom Wort Gottes ausgehend die eigentlichen Dimensionen des Lebens und der Sendung neu entdeckt und gestaltet.

Das Volk Gottes hat in der Zeit vor dem II. Vatikanum das Alte Testament nur sehr selten wahrgenommen. Der hebräische Teil der Bibel war da und dort sogar suspekt, weil er alles, was menschliches Leben ausmacht, auch die negativen Seiten, zur Sprache bringt. Manche Züge des alttestamentlichen Gottesbildes sind nur schwer verständlich, weil sie so sehr nach Menschenmaß beschrieben sind. Die Kirche hatte Bedenken, diese Inhalte und Bilder in die Hände der einfachen Menschen zu geben. Und die Vorbereitung und Hinführung zum Wort Gottes, das ja Gotteswort in Menschenwort ist, fand nicht so umfassend wie heute statt.

Die Chancen, die uns das Zweite Vatikanische Konzil im Umgang mit der Bibel eröffnet hat, sollten mehr genutzt werden. „Denn wo dem Volk Gottes das Wort Gottes fehlt, droht ihm der Untergang", ein Satz des russischen Schriftstellers Fjodor Dostojewski (1821–1881). Denn es fehlt ihm die umfassende Weisheit des Lebens. Es erkennt nicht mehr, was Leben oder Sünde wirklich ist. Es kann weder die Zukunft gestalten noch die Vergangenheit bewältigen.

Ein weiterer wichtiger Punkt: Das Konzil versteht die Kirche als Communio. Communio ist Gemeinschaft mit Gott und Gemeinschaft der Glaubenden untereinander, die sich zu allen Menschen hin öffnet. Wenn die Kirche das Miteinander Gottes mit den Glaubenden ist, dann ist Gott immer in der Kirche und die Kirche ist mit Gott. Dann ist die Kirche nicht einfach nur eine strukturierte Gemeinschaft, gleichwohl und selbstverständlich zum Kirchesein soziologische Gegebenheiten gehören. Aber das innerste Leben der Kirche ist nur im Geist Gottes, ist nur vom auferstandenen Herrn her zu verstehen. Sie ist vom Vater her und zum Vater hin ausgerichtet.

Innerhalb dieser Communio gibt es organische Unterschiedlichkeiten und organische Einheit zugleich. Ich gebrauche bewusst den Begriff „organisch". Denn wir haben es hier nicht mit hierarchischen und charismatischen „Klassen" zu tun, die jede für sich lebt und agiert. Kirche ist ein großer, lebendiger Organismus, in dem Gott selbst steckt, der all unsere Menschlichkeit und Ohnmacht mit hereinnimmt. Sie ist ein lebendiger Leib, der von Gott belebt wird. Er wirkt in der Vielfalt und Unterschiedlichkeit der Glieder, aber auch in der Einheit des einen Leibes. Gott zeigt sich in der Ausrichtung auf alle Menschen sowie in der Zuordnung der Menschen auf das Geheimnis des Lebens und der Liebe hin, das in der Kirche konkret werden soll.

Echte Communio zeigt sich beispielsweise in einer Pfarrgemeinde, in der zwischen Pfarrer und pfarrlichen Mitarbeiterinnen und Mitarbeitern ein gutes Miteinander besteht. Communio wird verwirklicht, wenn Menschen eine gute Gemeinschaft leben und wenn sich alle Altersgruppen daran beteiligen. Der Geist des Konzils verwirklicht sich auch in neueren lebendigen Gemeinschaften, die aus dem Geist des Gotteswortes leben und Dienste in der Kirche übernehmen. Sie können Jugendliche begeistern – Jugendliche erkennen, was echte christliche Gemeinschaft ist.

Aus dieser Grundkonzeption der Kirche als Communio resultieren natürlich auch Spannungen, die es bis heute gibt. Ihre Ursache liegt in unterschiedlichen Kirchenbildern. Das II. Vatikanum hat aber Weichen gestellt, hinter die wir nicht mehr zurückdürfen. Wir dürfen die Anliegen des Konzils nicht einseitig oder ausschnitthaft verwirklichen. Vielmehr müssen wir es gemäß seinen Grundorientierungen interpretieren.

Ein drittes Thema liegt mir im Zusammenhang mit dem Zweiten Vatikanischen Konzil am Herzen. Die Liturgiekonstitution hat die wesentliche Aufgabe der christlichen Liturgie neu aufgezeigt: Orientierungs- und Leitlinie zu sein für das gläubige Leben und Feiern. Die Umsetzung der Liturgiereform nach dem Konzil hat schnell begonnen, vielleicht

Eine Gruppe aus dem Pitztal besuchte mich 1966 in Rom.

manches Mal zu schnell, weil man die neue Liturgie zu wenig vorbereitet vollzogen hat. Um Verständnis für das Umgestalten der Liturgie zu wecken, hätte es etwas mehr Zeit gebraucht. Trotzdem halte ich das rasche Umsetzen nicht unbedingt für einen Nachteil. Vieles lässt sich auch im Nachhinein vertiefen.

Mir persönlich tut es leid, dass die vielfältigen Liturgien aus der Kirche des Ostens wie des Westens im Zuge der Liturgiereform vielleicht zu sehr vereinheitlicht wurden. Ich sehe keine Probleme, wenn neben der gegenwärtigen Liturgie auch andere weiterbestehen. Der ambrosianische Ritus beispielsweise wurde klanglos übernommen. Genauso wäre es möglich gewesen, die Feier der Tridentinischen Messe zu gestalten. Vielleicht hätte man dann die Haltung vermeiden können, dass sich manche Anhänger der alten Liturgie als „Rechtgläubige" bezeichnen und die anderen als „Ungläubige" abstempeln.

Die Einstellung aber, dass der Glaube nur in einer bestimmten Form der Liturgie gefeiert werden könne, bringt grundsätzliche theologische, vielleicht auch dogmatische Probleme mit sich. Eine solche Haltung würde bedeuten, dass man dem Geist Gottes nicht zutraut, neue Formen zu entwickeln. Sie bestreitet, dass sich in neuen Riten Gottesverehrung und feiernde Gemeinschaft ausdrücken lassen. Ich halte derartige ausschließliche und ausschließende Verfestigungen für sehr problematisch und nicht zielführend.

Zu einem vierten Punkt: Einen mutigen Schritt nach vorn hat das Konzil mit der Pastoralkonstitution „Gaudium et spes" gemacht. Theologie und Kirche waren zuvor aus der Befürchtung heraus, das Glaubensgut zu gefährden, den Erkenntnissen der anderen Wissenschaften oft ablehnend gegenübergestanden. Jetzt signalisierte die Kirche, dass man den Wissenschaften getrost ins Auge schauen kann und dass man den menschlichen Fortschritt, sofern er das Leben wirklich fördert, positiv sehen muss. Denn alles dient dem Verstehen der einen Schöpfung und Geschichte, vor allem der Vertiefung des Geheimnisses menschlichen und christlichen Lebens.

Mit dieser neuen Sichtweise der irdischen Errungenschaften hat die Kirche einen neuen und sympathischen Zugang zum Menschsein, zur Geschichte und zur Wirklichkeit überhaupt geschaffen. Obwohl sie vielleicht alles ein wenig zu optimistisch sah. Die kritischen und gefährlichen Seiten des Fortschritts haben sich dann ja auch gezeigt – und tun es bis heute. Ich erinnere nur an die heutige Umweltproblematik, die ihre Wurzeln auch in einem Übermaß an Fortschritt hat.

Schließlich ist auch in der Anerkennung der Religionsfreiheit, die vorher lediglich sporadisch da war, auf dem Zweiten Vatikanischen Konzil der volle Durchbruch gelungen. Und es gäbe noch endlos Vieles darüber zu sagen, was sich seither getan hat und welchen zukunftsträchtigen Visionen wir noch entgegengehen.

Die große Aufgabe des Konzils war es – und das bleibt sein Vermächtnis –, einerseits die große, solide, biblisch-christliche Tradition zu bewahren und andererseits in großer Offenheit auf die neue Wirklichkeit, auf die neuen Entwicklungen zuzugehen.

Diesen mutigen Geist des Aufbruchs, welcher den Weg, auf dem er durch die Geschichte heraufkam, nicht verlässt, sondern mit Blick nach vorne weitergeht, ohne Angst davor zu haben, dabei auf Hindernisse oder Widerstand zu stoßen, aber hoffend und vertrauend auf Gottes liebende Führung und Eingebungen, habe ich damals in den Herbstmonaten des Jahres 1965 hautnah miterleben dürfen. Und bis heute ist dieser dramatische Wendepunkt in der Kirche, der so viele positive Veränderungen angestoßen hat, ein ebensolcher in meinem Leben, zuerst als Priester und Hochschullehrer, dann als Bischof von Innsbruck und später als Erzbischof von Salzburg. Immer habe ich versucht, die Einsichten und Beschlüsse des Zweiten Vatikanischen Konzils mitzutragen und entsprechend umzusetzen, was zwar nicht immer leicht gewesen ist, aber dennoch meine tiefgehende Überzeugung nicht geschwächt hat, dass das II. Vatikanum einen lebensnahen und lebenspraktischen Einblick in das gab, was Christsein und Kirchesein damals, heute und in Zukunft bedeutet.

Für mich war, ist und bleibt das Zweite Vatikanische Konzil – und die Öffnung, die es bewerkstelligt hat – somit ein Wunder des Heiligen Geistes und ein ehrlicher Suchweg, auf dem wir uns fragten und ebenso heute wie morgen fragen müssen, wie wir auf alle Menschen zugehen und ihnen das Evangelium näherbringen können, gemäß der Worte Jesu: „Ich bin der Weg, die Wahrheit und das Leben; niemand kommt zum Vater außer durch mich." (Joh 14,6) Nur so können Oberflächlichkeiten in gewissen Fragen auch aktuell vermieden werden, sofern aus der Quelle und der Tiefe des Glaubens heraus entschieden und gehandelt wird, soll heißen, wenn von der Mitte her zur Mitte hin gelebt wird; einerseits in der Nachfolge, andererseits in der Sendung. – Wenn das geschieht, verschwinden auch so manche Grillen.

Neben meinem Doktoratsstudium, welches ich am 3. September 1965 in Rom begonnen hatte, übernahm ich auch verschiedene Aushilfsdienste in Pfarren innerhalb und außerhalb von Rom, u. a. in der Nähe der Stadt Tivoli (La Botte). Fast jeden Sonntag feierte ich dort die heilige Messe, hörte die Beichte und betrieb im kleinen Stil Jugendarbeit, wobei ich mit den Jugendlichen vor allem Fußball spielte, was ihnen so viel Freude bereitete, dass sogar die Jungen aus dem kommunistisch geprägten Ortsteil zu uns stießen und alle gegenseitigen Vorurteile für ein paar Stunden vergessen waren.

Bei einem solchen Aushilfsdienst wurde ich bereits früher einmal von einem Kapuzinermönch angesprochen, der gehört hatte, dass ich Österreicher bin. Er war als Gefängnisseelsorger in Turin tätig und bat mich, ihn zu einem Insassen zu begleiten, der lebenslang einsaß und dessen Verurteilung einige Jahre zuvor großes internationales Aufsehen erregt hatte: Alois Ebners Fall war unter dem Namen „Pfunderer Prozess"[3] – die vermeintliche Tat wurde in der Gemeinde Pfunders in der Provinz Bozen, Südtirol, verübt – bekannt geworden, in welchem er als Hauptangeklagter mit sechs anderen Bauernsöhnen beschuldigt wurde, für den Tod eines italienischen Zollbeamten verantwortlich zu sein, obwohl es zahlreiche Ermittlungsfehler und Verfahrensmängel gab sowie die letztendliche Feststellung ihrer Unschuld.

Als ich Alois kennenlernte, war er bereits ein gebrochener Mann, verwundet an Körper und Seele und verletzt durch den Umstand, dass ihn seine Freundin inzwischen verlassen hatte, um einen anderen zu heiraten. Hinzu kam, dass er zwar in einem italienischen Gefängnis seine Strafe verbüßte, aber kein Italienisch verstand, was noch mehr zu seiner Vereinsamung und Isolierung beitrug.

In den kommenden Monaten und Jahren versuchte ich mein Bestes, ihm seine Situation zu erleichtern, indem ich ihn besuchte, mit ihm sprach, mir seine Sorgen und Ängste anhörte, mit ihm betete; auch lernte ich seinen Bruder Bernhard kennen, der im Gefängnis von Fossano (Region Piemont) wegen derselben Sache für siebzehn Jahre inhaftiert war, dem es aber psychisch etwas besser ging.

Erst nachdem vonseiten der Europäischen Menschenrechtskommission in Straßburg erheblicher Druck auf Italien gemacht wurde und im Rahmen der Vorverhandlungen

---

3 Vgl. (1) Politik im Gerichtssaal, in: Die Zeit, Nr. 16/1958; (2) Es geschah vor fünfzig Jahren, in: Der Gemeindebote Vintl, Nr. 42/2006.

zur Autonomie Südtirols wurden Bernhard im Jahre 1968 und Alois im November 1969 begnadigt und freigelassen.

Bis heute halte ich losen Kontakt mit Alois – sein Bruder verunfallte bereits kurz nach seiner Entlassung tödlich – und es freut mich, dass aus allem, was schlecht gewesen ist, etwas Gutes hervorging: eine neue Liebe, eine gute Familie und eine starke Gemeinschaft.

Insofern war ich mit meinen Studien und den sonstigen Verpflichtungen während des Unterrichtsjahres – gelegentlich leitete ich etwa deutschsprachige Führungen im Petersdom – gut ausgelastet.

In den Sommermonaten, die in Rom kaum zu ertragen sind, weil die Hitze in der Stadt so groß wird, dass sogar die Einheimischen alles tun, um ihr zu entfliehen, fuhr ich in diesen Jahren meist nach Innsbruck, um in der Jesuitenbibliothek der Theologischen Fakultät meine Dissertation voranzubringen und in den Bergen wandern zu können. Währenddessen wohnte ich bei den Don Bosco Schwestern in der Falkstraße in Innsbruck, wo ich zur Aushilfe in der Pastoral im Pitztal und in Mösern bei Seefeld tätig war und vereinzelt Exerzitien gab.

Am 10. Oktober 1968 promovierte ich schließlich bei Pater Georg Söll mit meiner Dissertationsschrift „Dogmenentwicklung und die Funktion des Geist-Parakleten nach den Aussagen des II. Vatikanischen Konzils" an der Salesianer Universität in Rom.

Danach wäre eigentlich vorgesehen gewesen, dass ich nach Benediktbeuern an die Philosophisch-Theologische Hochschule der Salesianer wechseln sollte, um meinem Doktorvater als Professor für Dogmatik nachzufolgen, aber wieder einmal hatten sich die Umstände verändert und leiteten

Ein guter Ausgleich zum heißen Rom: Bergsteigen im Karwendel. Hier auf der Birkkar-Spitze im September 1975.

meinen Weg um. Das heißt, eigentlich blieb ich, wo ich war: in Rom am Pontificio Ateneo Salesiano, das ab 1973 zur Università Pontificia Salesiana (= Päpstliche Universität der Salesianer) umbenannt wurde. Hier folgte ich dem scheidenden Don Nazareno Camilleri nach und stieg gleich voll in die Lehrtätigkeit ein, zuerst als Assistenzprofessor und dann als a. o. Professor für Dogmatik. Später, in den Wintersemestern der Jahre 1970 und 1971, wurde ich vom Dekan meiner Fakultät gefragt, ob ich als Gastprofessor an der Salesianischen Hochschule im Cremisan in Bethlehem unterrichten wollte, die seinerzeit vom seligen Michael Rua (1837–1910), dem ersten Nachfolger Don Boscos als Generaloberer, ge-

Als junger Professor in Cremisan, Bethlehem

gründet wurde; eine Gelegenheit, die ich sofort und gerne wahrnahm, weil ich dadurch die einzigartige Möglichkeit erhielt, einen völlig anderen, weil unmittelbaren Zugang zur Bibel und dem Leben Jesu zu bekommen, worauf sich meine akademische Forschung und Lehre ja bezog. In dieser Zeit durchwanderte ich mit einer Gruppe von Archäologen und Exegeten auch die Wüste Juda, wo wir bei Sonnenaufgang die heilige Messe auf einem selbstgebauten Steinaltar feierten und anschließend im Toten Meer schwammen bzw. an der Oberfläche trieben, was mir bis heute als intensiv und bereichernd im Gedächtnis geblieben ist.

Nach meiner Rückkehr aus Israel suchte ich um Freistellung für ein Studiensemester in Münster an; hier wollte ich als Gasthörer nochmals vertiefend studieren, bevor ich nach

Durch die Wüste Juda zum Toten Meer

Rom in den Universitätsbetrieb zurückkehrte, was mir von meinen Ordensoberen auch gewährt wurde. An der Wilhelms Universität unterrichteten damals u. a. Karl Rahner, Kurt Aland (1915–1994) und der spätere Kurienkardinal Walter Kasper (geb. 1933), die ich unbedingt hören wollte. Dabei beeindruckend war neben dem Gesagten etwa die enorme Zuhörerzahl bei Karl Rahner, die sich jedes Mal auf mehrere Hundert addierte, obwohl er manchmal so kompliziert sprach, dass er darüber das Verb selbst vergaß und einen minutenlangen Satz kurzerhand mit „ist" abschloss.

Schließlich kehrte ich im Wintersemester 1972 an das Pontificio Ateneo Salesiano nach Rom zurück, wo eine gut geregelte und arbeitsreiche Zeit für mich begann mit den Schwerpunkten Trinitätslehre, vor allem Pneumatologie,

Schöpfungslehre, Gnadenlehre und Eschatologie sowie Don-Bosco-Forschung, d. h. salesianische Geschichte, Spiritualität, Pädagogik und Pastoral. Zudem gab ich Fortbildungskurse in verschiedenen Ordensniederlassungen, wie zum Beispiel in Österreich, Deutschland und Argentinien, und saß in dieser oder jener Funktion in einigen Gremien, war Institutsleiter und Mitglied in der Deutschen Arbeitsgemeinschaft für Mariologie. Kurz, ich tat meine Arbeit, und dies ausdauernd und gerne.

Durch mein persönliches Umfeld wurden diese Jahre von mehreren Ereignissen geprägt, von denen manche nur schwer zu ertragen waren: der Tod meines Vaters 1974 und der Tod meiner Mutter 1980. Zu beiden war ich nicht anwesend gewesen, weil es jeweils so unvermittelt geschah. Aber ich hielt jeweils das Requiem und leitete die Begräbnisse in St. Stefan im Rosental. – Dafür, dass sie meine Eltern waren, danke ich Gott!

1978 ging als das Jahr der drei Päpste in die Weltgeschichte ein: In kurzer Folge starb Paul VI. (= Giovanni Montini, 1897–1978), fand die Wahl von Albino Luciani (1912–1978) statt, der nach nur dreiunddreißig Tagen als Papst Johannes Paul I. verschied, und ging Karol Wojtiła (1920–2005) als Johannes Paul II. am 16. Oktober 1978 aus dem Konklave hervor.

An diesem Tag stand ich mit zehntausenden anderen schaulustigen Gläubigen auf dem Petersplatz und wartete gespannt wie sie auf die Proklamation des neuen Pontifex von der Benediktionsloggia aus. Als der Kardinalprotodiakon schließlich begann: „Annuntio vobis gaudium magnum – Ich verkünde euch eine große Freude – habemus papam – wir haben einen Papst", brandete tosender Applaus auf

Mit Fausto Perrenchio SDB, Professor für Neues Testament, im Kreuzgang von St. Paul vor den Mauern, Rom

und alle jubelten. Als er aber fortfuhr: „Eminentissimum ac Reverendissimum Dominum, Dominum Carolum, Sanctae Romanae Ecclesiae Cardinalem Wojtiła – Seine Eminenz den Hochwürdigsten Herrn, Herrn Karol, der Heiligen Römischen Kirche Kardinal Wojtiła", wurde es schon vernehmbar leiser, weil kaum jemand etwas mit dem ungewöhnlichen Namen anzufangen wusste; manche dachten sogar, es handle sich bei dem neuen Papst um einen Afrikaner. Erst als von irgendwo jemand „Cracovia!" rief, löste sich die Irritation auf und wich einer grenzenlosen Verwunderung und Begeisterung. Der neue Papst war also ein Pole und nannte sich Johannes Paul II.

Überraschend dabei war für mich, dass schon nach wenigen Minuten der L'Osservatore Romano eine Kurzbiografie

Privataudienz 1997 bei Papst Johannes Paul II.

von Johannes Paul II. brachte, was nur bedeuten konnte, dass er bereits vorab unter den einundzwanzig Kardinälen gereiht war, die als papabile und somit als wählbar galten und über welche jeweils eine Auflage der Vatikanzeitung vorbereitet wurde.

Fast zwanzig Jahre später, am 16. Dezember 1997, durfte ich Johannes Paul II. nach meiner Bischofsweihe am 23. November 1997 in einer Privataudienz persönlich kennenlernen. Ich fragte ihn, warum er gerade mich in das Hirtenamt berufen hatte, obwohl ich keine Erfahrung in der Pfarrleitung hatte. Und es freute mich ebenso wie es mich darin bestätigte, dass Gottes Wege zwar unergründlich sind, aber allem dennoch ein göttlicher Plan zugrunde liegt, dass mitunter die positiven Erfahrungen ausschlaggebend waren, welche der Papst als Kind in Polen mit den Salesianern gemacht hatte, und dass seine Heimatkirche den Namen „Maria, Hilfe der Christen" trug, jenen Titel, unter den Don Bosco sein Werk gestellt hatte. – Der nunmehr heilige Papst Wojtiła zählte mir damals auswendig alle Namen der österreichischen Bischöfe auf.

Zum Wintersemester 1981 sollte ich dann doch noch nach Benediktbeuern wechseln; die Philosophisch-Theologische Hochschule der Salesianer bemühte sich bereits seit einigen Jahren um die staatliche Anerkennung und musste dafür eine bestimmte Anzahl von Professoren nachweisen. Also verfiel man wieder auf mich, für das Fach Dogmatik.

Der zuständige Rektor Pater Dr. Otto Wahl SDB (geb. 1932) stellte das entsprechende Gesuch an den damaligen Generaloberen Pater Ägidius Viganò SDB (1920–1995), der für seine Entscheidung nur wissen wollte, wie lange ich in Rom gewesen war und dort unterrichtet hatte. Zufrieden mit der Antwort, ließ er mich gehen, und ich stellte mich auf die letzte Etappe meiner Berufslaufbahn ein, welche ich nach vielen Jahren des Forschens, Schreibens und Lehrens in Benediktbeuern zu beenden hoffte.

5.

Benediktbeuern

Anders als bei den Ortswechseln davor waren mir Benediktbeuern und die Philosophisch-Theologische Hochschule nicht gänzlich unbekannt; bereits während meines Doktoratsstudiums war ich des Öfteren hierhergekommen, um mit Pater Georg Söll meine Dissertation zu besprechen. Und ab Anfang der 1970er-Jahre hielt ich als Assistenzprofessor bzw. a. o. Professor für Dogmatik dort Lehrveranstaltungen ab, sowie ich 1976 einen charismatischen Gebetskreis mit Studenten als auch für Interessierte von außerhalb gegründet habe, welcher heute noch existiert und mittlerweile von Pater Franz Schmid SDB (geb. 1944) geleitet wird.

Der Ursprung dieses kleinen Gebetskreises lag seinerzeit in Rom, wo – aus Amerika kommend – die sogenannte Pfingstbewegung, welche für eine Erneuerung des Lebens und des Gebets im Heiligen Geist steht, von sich reden machte. Als ich davon hörte, wollte ich darüber mehr erfahren, immerhin hatte ich viel über den Heiligen Geist gearbeitet, geschrieben und gelehrt (= Pneumatologie), nun wollte ich davon einen praktischen Eindruck erhalten.

Nach einigem Nachfragen erfuhr ich schließlich von zwei leicht zugänglichen Gruppen: eine an der Päpstlichen Universität Gregoriana und eine in der Nähe der Papstbasilika Santa Maria Maggiore, wohin ich mich zuerst wandte.

Was mir gleich von Beginn an auffiel, war, dass die Mitglieder dieser Gemeinde ganz bodenständig waren und sich redlich im Glauben, im Beten und vor allem im Feiern der heiligen Messe bemühten. Nichts daran war übertrieben oder gar hysterisch, weshalb ich meine Skepsis auch langsam ablegte und mitmachte. Sogar im für uns Katholiken eher ungewöhnlich anmutenden „Reden in Zungen" (= Glossolalie, Apg 2,4–13) versuchte ich mich, zwar ohne Erfolg, aber dafür zum Einsehen, dass es sich dabei um eine echte Sprachgabe zum Lobpreis Gottes handelt, eine Art Gebetsstimmung, die ohne Worte auskommt, sich aber dennoch vor Gott auszudrücken vermag. Der heilige Augustinus (354–430) beschrieb dies als einen Halleluja-Gesang, der zwar nie das Wort „Halleluja" im Mund führt, aber dessen Melodie man dennoch lauthals singt. – Ich ließ damals das „Sprachengebet" oder das „Singen in Sprachen" von Professoren für altorientalische Sprachen wie Hebräisch, Aramäisch, Syrisch usw. überprüfen; sie konnten diese Form des Betens jedoch als keine dieser Sprachen erkennen.

Diese Erfahrungen teilte ich während meiner häufigen Besuche in Benediktbeuern mit einigen Studenten, welche mich daraufhin ermutigten, einen ebensolchen Gebetskreis an der Philosophisch-Theologischen Hochschule zu gründen.

Ich schlug vor, zuerst bei einer charismatischen Gruppe in München teilzunehmen, von der ich wusste, dass sie sich regelmäßig in der Benediktinerabtei St. Bonifaz einfand, um praktische Erfahrungen zu sammeln. Manches Übertriebene, das wir dort dann erlebten, wollten wir nicht übernehmen, also legten wir unser eigenes Programm fest, des-

Das Kloster Benediktbeuern in Bayern mit der Philosophisch-Theologischen Hochschule im Jahr meines Antritts

sen Kern und Inhalt einzig und allein das Wort Gottes war, durch dessen Inspiration wir unsere Gebete, Fürbitten usw. formulierten. Meine Aufgabe war es, neben der Leitung der Gruppe darauf zu achten, dass alles mit der notwendigen katholischen Bodenhaftung geschah, sei es im kleineren Gebetskreis oder während der gut besuchten Heilungsgottesdienste, die wir für jeden frei zugänglich am Sonntagabend in unterschiedlichen Räumen des Klosters Benediktbeuern feierten.

Meine Verbindung zur Philosophisch-Theologischen Hochschule bestand also schon seit einigen Jahren, bevor ich im Wintersemester 1981 als Professor für Dogmatik schließlich dorthin berufen wurde und sich mein Lebensmittelpunkt und Arbeitsplatz aus Rom nach Benediktbeuern verlagerte. 1982 wurde ich dann in der Nachfolge von Pater Otto Wahl zum ersten Mal zum Rektor gewählt, ein Amt, das mir neben meiner Lehrtätigkeit noch zusätzliche administrative Aufgaben bescherte. Zudem nahm ich international an verschiedenen Fort- bzw. Ausbildungen teil, sei es als Hörer, sei es als Redner, und wurde in diverse Gremien oder zu Tagungen eingeladen, wie zum Beispiel der deutschen Rektorenversammlung, die vom damaligen Erzbischof von München und Freising Friedrich Kardinal Wetter (geb. 1928) und dem früheren Bischof von Mainz Karl Kardinal Lehmann (1936–2018) alljährlich einberufen wurde, um über aktuelle Themen, Probleme und Herausforderungen der katholischen Kirche und ihrer Hochschulen bzw. Fakultäten zu diskutieren.

Vor diesem Hintergrund und aufgrund meiner zeitgleichen Tätigkeit als Studentenseelsorger in Benediktbeuern, durch die ich einiges an Gedanken, Ideen und Strömungen mitbekam, entstand ein weiterer, konfessionsoffener Zirkel, der sich aber mehr theoretisch als spirituell beschäftigte, nämlich mit den heiklen Fragen der Ökumene im Lichte des II. Vatikanums. U. a. griffen wir dabei so heiße Eisen wie die Frage der Apostolischen Sukzession oder die Amtsfrage an, welche für mich bis jetzt nicht restlos geklärt sind, obwohl wir in manchen Lösungsansätzen schon viel weiter sein könnten. Dennoch war damals wie heute allen klar, dass sich zumindest das Gesprächsklima zwischen den Konfessionen geändert

Im Rektorat in Benediktbeuern

hatte und man anders als noch in vorkonziliarer Zeit miteinander nach Antworten suchte, anstatt sich gegenseitig zu ignorieren oder, schlimmer noch, zu bekämpfen. Letztlich, so denke, hoffe und bete ich, werden sich unsere Wege nach dem Willen Christi an einem gemeinsamen Ruhepunkt kreuzen: „Ut unum sint! – Dass sie eins seien!" (Joh 17,11)

Am 13. Juni 1984, einem Mittwoch, starb dann mein verehrter Jugendkaplan Martin Hrvatič nach langer und tapfer ertragener Krankheit.

Nie war der Kontakt zwischen uns abgebrochen, und so war ich zu ihm nach Fladnitz an der Teichalm gekommen, wo er bis zuletzt als Pfarrer gewirkt hatte, und durfte ihm beistehen. Mit den wenigen Worten Slowenisch, die ich während meiner Aushilfen in einigen Sommermonaten in St. Stefan-Finkenstein in

Kärnten bei Dechant Philipp Millonig (1907–1987) gelernt hatte, beteten wir zusammen in seiner Muttersprache und sangen „Der Engel des Herrn", bevor er heimging. Seine Parte bewahre ich bis zum heutigen Tag bei meinen persönlichen Dingen auf, und es stimmt, was darin über ihn geschrieben steht: „Sein Leben war Gnade, es war gelebte Hingabe an Gott und die Menschen." Denn nur so habe ich es als Jugendlicher, der von ihm gefragt wurde, ob ich Priester werden wolle, und dem er während des Studiums in Unterwaltersdorf zur Seite stand, vielfach erlebt.

Das Leben in Benediktbeuern war jedenfalls ebenso arbeits- wie abwechslungsreich, und die Zeit verging dabei wie im Flug.

1994 wurde ich zum zweiten Mal zum Rektor gewählt, und eigentlich hätte meine Amtszeit weitere sechs Jahre dauern sollen, als am 3. Oktober 1997, dem Tag der Deutschen Einheit, ein Telefonanruf vom damaligen Nuntius von Österreich Erzbischof Donato Squicciarini (1927–2006) für mich kam. Er wollte wissen, ob und wann ich zu ihm nach Wien kommen könne, da er etwas mit mir zu besprechen hätte, und drängte dabei auf Eile.

Ich hatte damals keine Vermutung, was Exzellenz von mir hätte wollen können, erinnerte mich allerdings daran, dass er im Vorjahr überraschend die Philosophisch-Theologische Hochschule besucht hatte, und ich ihm alles zeigte. Erst im Nachhinein wurde mir klar, dass es wahrscheinlich ein Besuch zum Zweck meiner Einschätzung gewesen ist.

Zwei Tage nach dem Anruf fuhr ich jedenfalls mit dem Zug nach Wien und ging in die Apostolische Nuntiatur, wo mich Erzbischof Squicciarini bereits erwartete. Nachdem er mich begrüßt hatte, lud er mich in die Hauskapelle ein, um

Bei der Messe zu meinem 60. Geburtstag am 29. Mai 1997

gemeinsam mit ihm zu beten. Direkt im Anschluss überreichte er mir einen Brief mit den Worten: „Lesen Sie aufmerksam und geben Sie mir Ihre Antwort."

Das Schreiben war von Papst Johannes Paul II. persönlich an mich gerichtet und zugleich meine Ernennung zum Bischof von Innsbruck, unter Vorbehalt der formalen Zustimmung des Ministerrats laut dem Konkordat von 1957. Ich las den Brief ein-, zwei-, dreimal, betete um Gewissheit und suchte nach der entsprechenden Antwort, die ich dem Nuntius geben sollte. In seinem Büro erklärte ich ihm schließlich meine Bedenken: Ich war zum einen niemals Pfarrer gewesen und zum anderen Ordenspriester; das eine hielt ich für eine wichtige und notwendige Voraussetzung, das andere, wenngleich nicht für hinderlich, so zumindest für unüblich, da mehrheitlich Diözesanpriester ins Bischofsamt berufen wurden.

Nichts davon ließ Erzbischof Squicciarini allerdings als Grund dafür gelten, die Ernennung abzulehnen. Noch einmal fragte er mich eindringlich: „Was sagen Sie, wenn der Heilige Vater Sie bittet, diesen Dienst zu übernehmen?" Und ich antwortete ihm in voller Überzeugung: „Ich unterstelle mich ganz dem Willen Gottes, wenn Er es so will, bin ich bereit."

Bis zur öffentlichen Bekanntgabe meiner Ernennung am 10. Oktober 1997 musste ich Stillschweigen (= sub secreto pontificio) darüber bewahren, was mir in der ungewohnten Situation jedoch mehr als eine Erleichterung denn als eine Erschwernis vorkam. So hatte ich wenigstens noch ein paar Tage Zeit, um mich innerlich darauf vorzubereiten, in einen vollkommen neuen und ebenso unerwarteten Abschnitt meines Lebens einzutreten. – Woran ich mich an dieser Stelle aber immer wieder gerne erinnere, ist ein Anruf von Kar-

dinal König, der sich darüber gefreut hatte, dass sein Wahlspruch „Veritati in Caritate – Der Wahrheit in Liebe dienen"
und der meine „Veritatem facientes in Caritate – Die Wahrheit in Liebe tun" sich so ähnlich sind.

Über den Bischof – wer er ist und was er können soll (Martin Kolozs)

Auf meine Frage hin, wie er sein Hirtenamt angelegt hatte, hat
mir Alois Kothgasser mit nur einem Satz geantwortet: „Tue, was
du kannst, bete um das, was du nicht kannst, und Gott wird dir
geben, dass du kannst – aber Er gibt nicht nur, was wir nicht
können, sondern auch alles, was wir können." Und bei einer anderen Gelegenheit sagte er im Hinblick auf die Dokumente des
Zweiten Vatikanischen Konzils und verschiedener anderer Verlautbarungen des Apostolischen Stuhls darüber, was ein Bischof
sein bzw. können soll: „Episcopus vir impossibilis – Das Bischofsamt ist für einen Menschen nahezu unmöglich."[4]

Das sind nur zwei von mehreren Aussagen, die im ersten Augenblick überraschen, wenn sie nicht sogar verwundern, kommen sie doch von einem ebenso überwiegend erfolgreichen
wie äußerst beliebten (Erz-)Bischof, welcher gleichermaßen als
Mensch, Priester und hoher kirchlicher Würdenträger zu über-
zeugen wusste und der allseits mit Worten wie väterlich, liebens-
wert, bescheiden, herzlich, fromm, umsichtig, fröhlich, humorvoll,
hilfsbereit und volksnah beschrieben wird.[5]

---

4 A. Kothgasser, Die Wahrheit in Liebe tun, S. 79.
5 In den folgenden zwei Kapiteln werden auch Freunde und Wegbegleiter von
   Erzbischof Alois Kothgasser zu Wort kommen; unter dem Titel „Was die anderen sagen" erinnern sie sich an Episodenhaftes und Bemerkenswertes aus
   seiner Zeit in Innsbruck und Salzburg.

Jedoch wäre Alois Kothgasser nicht er selbst, würde er sich nicht mit Bedacht und kenntnisreich ausdrücken; so ist seine ernüchternde Einschätzung über die Unmöglichkeit des Bischofsamtes etwa keine falsche Bescheidenheit oder ein Heischen nach Komplimenten, sondern gründet einerseits auf einem realistischen Menschenbild, das keine unnötige Glorifizierung kennt, aber um die jeweiligen (insbesondere die eigenen) Grenzen und die Ohnmacht Bescheid weiß, und andererseits auf einer Definition des Bischofsamtes, welche er als Mitglied der Zehnten Ordentlichen Vollversammlung der Bischofssynode aus aller Welt, die im Herbst 2001 in Rom tagte, mitformuliert hat.

Insofern ist ein Blick auf die Eigenschaften, die ein Bischof offiziell haben sollte, lohnend, lässt er doch schnell erkennen, wie unendlich herausfordernd und manches Mal unerfüllbar dieses hohe Amt ist, was letztlich wohl auch zu einem größeren Verständnis, einer echten Milde und einer tatsächlichen Nachsicht bei gewissen Fehlern und Schwierigkeiten führen kann, da das menschlich meist uneinholbare Idealbild des Bischofs niemand Geringerer ist als Jesus, der Gute Hirte, dem er gleichgestaltet leben und wirken soll: „Die von der Weihe als Gleichgestaltung mit Christus bewirkte seinsmäßige Umwandlung verlangt einen Lebensstil, der das ‚Bei-ihm-sein‘ deutlich zu erkennen geben soll […] Vor allem in der Ausübung seines Amtes, die sich an der Nachahmung der Liebe des Guten Hirten inspiriert, ist der Bischof gerufen, heilig zu werden und zu heiligen […] Auf diese Weise soll die Ausübung seines Hirtenamtes ein kohärentes Spiegelbild Jesu, des Gottesknechtes, sein und ihn dazu anhalten, wie dieser allen – vom Größten bis zum Geringsten – nahe zu sein."[6]

---

6 Verlautbarungen des Apostolischen Stuhls 163, S. 26f.

Im Nachsynodalen Apostolischen Schreiben „Pastores Gregis: Der Bischof – Diener des Evangeliums Jesu Christi für die Hoffnung der Welt"[7] vom 16. Oktober 2003 erklärt Papst Johannes Paul II. das Hirten- bzw. Bischofsamt (= munus pastorale) anhand seiner drei Aufgaben (= triplex munus), dem Heiligungsdienst (= munus sanctificandi), dem Lehramt (= munus docendi) und dem Leitungsamt (= munus regendi):

„Diese drei Aufgaben und die daraus abgeleiteten Gewalten sind auf der Handlungsebene Ausdruck des Hirtenamtes, das jeder Bischof durch die Bischofsweihe empfängt. Dieselbe Liebe Christi, die ihm bei der Weihe zuteil wird, nimmt in der Verkündigung des Evangeliums der Hoffnung an alle Menschen (vgl. Lk 4,16–19), in der Spendung der Sakramente an jeden, der das Heil empfängt, und in der Führung des heiligen Volkes zum ewigen Leben konkrete Gestalt an. Es handelt sich in der Tat um Aufgaben, die eng miteinander verbunden sind, die sich gegenseitig erklären, bedingen und erhellen.

Gerade deshalb gilt: Wenn der Bischof das Volk Gottes lehrt, heiligt und leitet er es gleichzeitig; während er heiligt, lehrt und leitet er auch; wenn er leitet, lehrt und heiligt er."[8]

---

7   Wie Erzbischof Alois Kothgasser versichert, nimmt das Schreiben u. a. die Anforderungen der so genannten „Kölner Erklärung: Wider die Entmündigung – für eine offene Katholizität" vom 6. Jänner 1989 auf, welche von über zweihundertzwanzig namhaften Theologieprofessorinnen und -professoren wie Heinrich Fries (1911–1998), Hans Küng (geb. 1928) und Johann Baptist Metz (geb. 1928–2019) unterschrieben wurde; darin werden u. a. die Modalitäten der Bischofsernennung kritisch hinterfragt.
8   Verlautbarungen des Apostolischen Stuhls 163, S. 23f.

Bereits aus dieser kurzen Zusammenfassung lässt sich erkennen, wie äußerst komplex, vielgestaltig und letzten Endes (überhöht) anspruchsvoll das Amt des Bischofs ausgefüllt werden sollte, und es macht wohl ebenso deutlich wie nachvollziehbar, dass nur wenige Auserwählte diesem Idealbild vollkommen entsprechen: „Der Aufbau der Herde Christi in der Wahrheit und Heiligkeit verlangt seitens des Bischofs […] einige besondere Eigenschaften: unter anderem eine musterhafte Lebensführung, die Fähigkeit zu echten und konstruktiven Beziehungen zu den Menschen, das Geschick, Zusammenarbeit anzuregen und zu entfalten, Herzensgüte und Geduld, Verständnis und Mitleid für die seelischen und leiblichen Nöte sowie Nachsicht und Vergebungsbereitschaft. Es geht in der Tat darum, dem höchsten Vorbild, Jesus, dem Guten Hirten, auf bestmögliche Weise Ausdruck zu verleihen."[9]

Die Liste an Talenten und Fähigkeiten, die ein Bischof ins Amt mitbringen bzw. aufbauen und selbst stärken soll, ließe sich nahezu endlos fortschreiben, würde man allen Erwartungen gerecht werden. Gleichermaßen ist wohl einzusehen, dass weder die Bischofsweihe die Vollkommenheit der Tugenden einflößt noch dass es einen Menschen gibt, der über keinerlei Schwächen, Begrenzungen oder Fehler verfügt, welche ihn per definitionem für das Bischofsamt eigentlich ungeeignet machen.

Alois Kothgasser war und ist sich dessen immer bewusst, wenn er etwa auf die Frage, welche Aufgaben er für sich als Bischof sieht, antwortet: „Trotzdem lasse ich mich auf dieses Amt ein. Denn ich rechne mit der Gegenwart Jesu, der uns in seine Nachfolge und in seine Sendung ruft. Er selbst ist und bleibt der Herr und Meister, der Erlöser. Ein Gedanke tröstet mich immer wieder: Gott ist der Gott der Menschen. Er hat das größte Interesse am

---

9 Ebd., S. 84.

Heil, an der Verwirklichung eines jeden Lebens. Ich darf fest damit rechnen, dass Gott schon längst am Werk ist, noch bevor ich als Bischof zu den Menschen komme. Meine Aufgabe ist, aufmerksam zu schauen, wo und wie er anwesend ist. Dort kann ich dann ansetzen und weitergehen. Gottes Sohn, der für uns Mensch geworden ist, hat die ganze Menschheit in der Vergangenheit, in der Gegenwart und in der Zukunft schon erlöst. Wir können sie nicht erlösen – und brauchen das auch nicht zu tun. Daher habe ich es immer mit Menschen zu tun, die von Gott her schon erlöst sind. Meine Aufgabe ist es, ihnen dies bewusstzumachen und sie in eine persönliche Beziehung zum Erlöser zu bringen. An dieser Aufgabe, die letztlich nur Gott selbst tun kann, kann ich nur mitarbeiten, können wir alle nur mitarbeiten."[10]

Mit dieser offenen Annahme seiner eigenen Unvollkommenheit und der Herausforderung, dennoch „wie Christus, der Gute Hirte, in täglicher Selbsthingabe für den Vater und für die anderen zu leben"[11], wirkte Alois Kothgasser von Beginn an als Bischof und später als Erzbischof authentisch, weil er nicht allein in sich selbst vertraute, sondern all seine Hoffnung, sein Bemühen und seine Sendung auf den dreieinen Gott richtete, wie er mir einmal anvertraut hat: „Was man tut, ist immer zu wenig, aber im Vertrauen, dass jemand über und mit uns ist, habe ich immer gut geschlafen."

10 A. Kothgasser, Die Wahrheit in Liebe tun, S. 79.
11 Verlautbarungen des Apostolischen Stuhls 163, S. 27.

6.
Innsbruck

„Ich möchte als Bischof konkret für die Menschen da
sein: im Dienst, in Diakonie und Caritas, durch Ani-
mation in den sozialen Diensten, aber auch in Leitung,
Führung und Begleitung. Ich möchte das mutig an-
prangern, was Leben behindert, stört oder zerstört, was
Gemeinschaft und Lebensbeziehungen vermindert. Ich
möchte korrigieren und – wenn notwendig – auch Auseinandersetzungen nicht scheuen."[12]

Nach Bekanntwerden meiner Bischofsernennung am 10.
Oktober 1997 musste alles recht schnell gehen; innerhalb
von nur zwei Monaten sollten meine Weihe und der Umzug
nach Innsbruck stattfinden. Also vereinbarte ich mit meinem Vorgänger Bischof Reinhold Stecher (1921–2013) ein
Treffen für ein gemeinsames Vorgespräch. Außerdem wusste
ich, dass Bischof Stecher mit der Art und Weise meiner Berufung nicht ganz einverstanden war, was er auch in einem
öffentlichen Brief zum Ausdruck gebracht hatte[13]. Dement-
sprechend nervös fuhr ich zu ihm.

Alle Aufregung war jedoch umsonst gewesen, denn schon
nach wenigen Minuten, denen ein Stamperl Schnaps zur Be-

---

12 A. Kothgasser, Die Wahrheit in Liebe tun, S. 80.
13 Vgl. M. Kolozs, Bischof Reinhold Stecher – Leben und Werk, S. 124–133.

Das Verhältnis zwischen Bischof Reinhold Stecher und mir war ausgesprochen herzlich.

grüßung vorangegangen war, trugen wir uns das Du-Wort an und redeten ohne weitere Vorbehalte miteinander. Dabei wurde mir schnell klar, dass Bischof Stechers Kritik nicht mir persönlich gegolten hatte, sondern dem Vatikan und dessen Vorgehen bei Bischofsernennungen, die allgemein als zu zentralistisch wahrgenommen wurden, ohne etwa die Vorschläge einzelner Bischofskandidaten aus den Ortskirchen stärker zu berücksichtigen.[14]

Nachdem also alle Unstimmigkeiten ausgeräumt waren, gingen wir daran, meinen Weihetag zu planen. Als Datum

14 Die zweigeteilte Stimmung rund um die Bischofsernennung von Alois Koth-gasser verdeutlichte sich u. a. auf einem Transparent der Plattform „Wir sind Kirche", welches am Tag der Bischofsweihe vor dem Dom in die Höhe ge-halten wurde; darauf stand zu lesen: „Rosen für den Bischof, Dornen für den Vatikan."

wählten wir den 23. November 1997 wegen seiner zweifachen Bedeutung: Zum einen fiel darauf das Christkönigsfest und zum anderen jährte sich damals die Seligsprechung des Tiroler Märtyrerpfarrers Otto Neururer (1882–1940) zum ersten Mal.

Als Konsekrator (= Weihespender) wünschte ich mir Bischof Reinhold Stecher, der meiner Bitte sofort entsprach, und Bischof Johann Weber (geb. 1927) aus Graz-Seckau sowie Bischof Wilhelm Egger (1940–2008) aus Bozen-Brixen als Mitkonsekratoren; einmal als Zeichen der Verbundenheit mit meiner Heimatdiözese und einmal als Zeichen der historischen Zusammengehörigkeit der Diözese Innsbruck mit der Diözese Bozen-Brixen.[15]

Im Anschluss an unser Gespräch fuhren wir noch nach Götzens, um vor der Urne mit der Asche des seligen Otto Neururer zu beten und ihm unsere Anliegen für die Diözese Innsbruck, welche Bischof Stecher fast siebzehn Jahre lang geleitet hatte und ich in Kürze übernehmen sollte, anzuvertrauen. – Große Hilfe und Ermutigung im Einstieg in das Hirtenamt in Tirol waren mir nach meiner Ernennung die Don Bosco Schwester Johanna Götsch (geb. 1953), welche damals im Bischofsrat war, und die Unterstützung durch das Ehepaar Dr. Paul und Inge Ladurner, die den Weg von Bischof Reinhold Stecher stets in großer Treue begleitet hatten.

Im Rückblick kam ich jedoch ohne fertigen Plan nach Innsbruck; ich wusste, dass die Diözese gut aufgestellt war, und hatte eine große Sympathie für die Tirolerinnen und Tiroler, die es mir auch nicht lange schwer machten, sondern

---

15 Vgl. M. Kolozs, Die Bischöfe von Innsbruck, S. 9f.

Die Bischofsweihe in Innsbruck am 23. November 1997 nahm mein Vorgänger Reinhold Stecher vor.

mir bald eine freundschaftliche Atmosphäre schafften und mich machen ließen, wie ich die Dinge sah. Dabei fragte ich mich: Was brauchen die Menschen heute und was will das Evangelium für sie?

Immer wieder dringend war und ist demnach die Verkündigung der Frohbotschaft. Ohne Jesu Vision von Leben, Leid, Tod und Gemeinschaft können wir keine gesunde christliche Interpretation des Lebens betreiben. Diese Aufklärung des Lebens vom Evangelium her ist die umfassendste und tiefste Aufklärung. Das Evangelium hat uns diese unglaubliche Chance geschenkt. Wir müssen sie weitergeben und mit ihr das Leben, die Geschichte und die Menschen erhellen. Dabei ist die Analyse der Situation in der Verkündigung allgemein sehr wichtig, da jedes Menschenantlitz originell und jedes Menschenleben ein eigener Weg ist. Ansonsten verkünden wir eine Botschaft, die keiner hören will und die an den Bedürfnissen der Menschen vorbeigeht. Andererseits dürfen wir uns aber nicht nur an diesen Bedürfnissen ausrichten, denn das Wort vom Kreuz wird nie den Wünschen der Menschen entsprechen. Es bleibt aber trotzdem ein unglaubliches Wort der Liebe und Ermutigung.

So nahm ich mir nach meiner Bischofsweihe zuerst ein Jahr lang Zeit, um die Diözese von Grund auf kennenzulernen; entscheidend war für mich nämlich am Anfang hinzuhören, hinzusehen und darüber nachzudenken, wie ich nicht nur wirken, sondern tatsächlich etwas für Land und Leute bewirken konnte. Dabei wurde es für mich immer wichtiger, das reine Nebeneinander oder gar Gegeneinander aufzuspüren, zu lockern und zu überwinden, weil jede – wie auch immer begründete – Feindschaft einen inneren Widerspruch zur christlichen Lebenshaltung darstellt.

Besonders herausfordernd waren vor diesem Hintergrund die tragischen Fälle des Lawinenunglücks am 23. Februar 1999 von Galtür und des Snowboard-Events „Air and Style" am Bergisel vom 4. Dezember 1999, wo jeweils viele und sehr junge Menschen ihr Leben verloren haben und es neben Trauer und Leid auch Wut und Schuldzuweisungen gab. In dieser äußerst aufgeheizten Situation von Versöhnung und dem Zusammenhalt der großen Gemeinschaft zu sprechen war nicht leicht, aber bestimmt notwendig, und ich hoffe und bete darum, damals die richtigen Worte ge-

Erster Heimatbesuch als Bischof von Innsbruck

funden und entsprechend der Not und Verzweiflung geholfen zu haben.

In demselben Jahr wurde mir auch die damals noch kaum
beachtete Vertreibungsgeschichte der Osttiroler Protestanten im siebzehnten und achtzehnten Jahrhundert bekannt.
Ich war schockiert, was aus religiösen Gründen Schreckli-
ches passieren konnte, und wollte nach dem Vorbild der großen Vergebungsbitte von Papst Johannes Paul II., dem „Mea
Culpa" für die Verfehlungen der katholischen Kirche in ihrer
zweitausend Jahre alten Geschichte, ein ähnliches Zeichen
setzen, indem wir die Vergangenheit der Diözese Innsbruck
aufarbeiteten und für begangene Fehler, Sünden und Verge-
hen im Rahmen einer ökumenischen Versöhnungsfeier um
Vergebung baten.

Die Vorbereitungen dafür begannen im Herbst 2001 mit der Einsetzung einer Kommission aus Historikern, Heimatforschern, Gemeindevertretern und Seelsorgern, die u. a. den Ablauf organisierten und ein Denkmal in Auftrag gaben, welches als Höhepunkt der zweitägigen Feier (19./20. Oktober 2002) enthüllt werden und mit seinem Text eine Erinnerung wie Mahnung für alle künftigen Generationen sein sollte: „Die Glaubensspaltung, die Katholiken und Evangelische im sechzehnten Jahrhundert getrennt hat, führt uns jetzt im Zeichen der ökumenischen Verständigung zusammen. Nie mehr darf der Glaube Deckmantel für Verfolgung und Vertreibung sein."

Ich habe mich gefreut – und tue es heute noch –, dass diese Geste der Versöhnung eine so große Zustimmung im In- und Ausland erfahren hat, und bin nach wie vor der Überzeugung, dass wir es uns im 21. Jahrhundert nicht länger leisten können, noch immer getrennt zu leben und trotzdem den Anspruch zu erheben, die Frohbotschaft zu bringen. Die Welt von heute braucht ein gemeinsames Zeugnis.

In allen meinen Entscheidungen als Bischof von Innsbruck und später als Erzbischof von Salzburg war es mir wichtig, Getrenntes zu verbinden, tragende Lösungen zu finden und als Vermittler – heute würde man wahrscheinlich Mediator dazu sagen – zu fungieren. Dabei orientierte ich mich an Christus, der der Weg und die Mitte ist, und formulierte für mich als Wegbeschreibung: „in der Mitte nach vorn". Sie sollte mich immer daran erinnern, dass ich es mir zwischen den Fronten, Stühlen oder Positionen nicht allzu bequem machen durfte, sondern kompromissbereit voranschreiten musste, um manches anzuschieben, was ansonsten vielleicht auf der Strecke geblieben wäre.

Zwei Beispiele möchte ich dafür nennen: der Umbau des Paulinums in Schwaz und der Neubau des Karmels in Innsbruck; beides Institutionen, die auf die eine oder andere Weise davon bedroht waren, geschlossen bzw. aufgehoben zu werden, deren Schicksale sich jedoch letztlich unter Mithilfe vieler Engagierter abwenden ließen.

Das Paulinum, das nach der Teilung Tirols und des Verlustes Südtirols an Italien von Weihbischof Sigismund Waitz (1864–1941) gegründet wurde, um auch in der neu entstandenen Apostolischen Administratur Innsbruck-Feldkirch ein kleines Seminar nach dem Vorbild des Vinzentinums in Brixen zu haben, hatte im Laufe der Jahrzehnte immer weniger Priesterberufungen hervorgebracht. Darum wurde die Frage in der Diözese, deren Klerus das Gymnasium finanziell mittrug, gestellt, ob man Internat und Schule nicht besser aufgeben sollte.

Als Salesianer wusste ich jedoch, wie unverzichtbar die Jugendarbeit und folglich die Ausbildung von Jugendlichen war, um erstens den Kontakt zu ihnen nicht zu verlieren und zweitens ihre Beziehung zu Kirche und Glaube stärken zu können. Darum setzte ich mich dafür ein, das Paulinum zumindest als regionale Schule zu erhalten und fand diesbezüglich Zustimmung und Unterstützung.

Mit dem daran anschließenden Um- bzw. Ausbau des Paulinums entstand dann eine Schule, die damals wie heute – und ich denke auch in Zukunft – einen guten Stand hat und ihren Schülerinnen und Schülern eine ganzheitliche, moderne und grundsolide Ausbildung gibt, die allen Ansprüchen genügt. Und darüber hinaus.

Ein ganz ähnlicher Fall war der Karmel; das Kloster der Karmelitinnen lag in unmittelbarer Nähe des Innsbrucker

Bahnhofs, in einer verkehrsbedingt lauten und ungesunden Umgebung – kein Ort für einen kontemplativen Orden, der im Schweigen lebt und betet.

Als Folge davon blieben allmählich die Berufungen (= Eintritte) aus und drohte die Aufhebung des Klosters, was damals an mich herangetragen wurde. Nach einer angeordneten Visitation, in der ich mir selbst ein Bild machen konnte, beschloss ich, mich für die Weiterführung des Karmels in Innsbruck einzusetzen, da ich davon überzeugt war – und es weiterhin bin –, dass es für Land und Leute gut ist, wenn es Orden gibt, die für sie und ihre besonderen Anliegen beten.

Also machte ich mich einerseits daran, in den umliegenden Niederlassungen der Karmelitinnen nachzufragen, ob man uns Schwestern nach Innsbruck schicken könnte, um hier die Anzahl der Nonnen zu erhöhen, und suchte andererseits unter Mithilfe des Abtes von Stift Wilten Raimund Schreier OPraem (geb. 1952) und des damaligen Innsbrucker Bürgermeisters DDr. Herwig van Staa (geb. 1942) nach einem geeigneten Grundstück, wo der neue Karmel gebaut werden sollte.

Nach einiger Zeit und etwas Mühe schickte das Kloster Sora in Slowenien schlussendlich zwei jüngere Schwestern nach Innsbruck, deren Eintritt tatsächlich zu weiteren Neuberufungen führte, und wurde in Innsbruck-Mühlau ein Standort gefunden, der allen Erfordernissen eines Lebens in spiritueller Stille entsprach.

Die Fertigstellung des neuen Karmels erlebte ich dann zwar schon als Erzbischof von Salzburg, durfte aber dennoch dessen feierliche Einweihung vornehmen und die Klausur als Schutz und Hilfe der Karmelitinnen für ihre Nachfolge Jesu eröffnen.

Sr. Konstantia Auer (links) und Kaplan Ludwig Penz haben die Notburga-Gemeinschaft, eine Vereinigung von Frauen zur Förderung der Diakonie, gegründet. Von Anfang an dabei Elisabeth Moser aus Münster.

An dieser Stelle ist es mir noch wichtig, die „Notburga-Gemeinschaft – eine Vereinigung von Frauen zur Förderung der Diakonie" zu erwähnen, die ich am 20. September 2000 in der Diözese Innsbruck kanonisch errichtet habe; dieser örtlichen Approbation ging eine jahrelange Entwicklung und sehr fruchtbringende Entfaltung voraus, welche insbesondere in den vielfältigen Bemühungen von Sr. Konstantia Auer (Barmherzige Schwester von Vinzenz von Paul, geb. 1939) und der Unterstützung sowie geistlichen Begleitung von Msgr. Kaplan Ludwig Penz (1913–2013) ihren Grund haben.

Seit ihrer Anerkennung hat sich die Notburga-Gemeinschaft auf das Gebiet der Erzdiözese Salzburg, der Erzdiözese München-Freising, der Diözese Bozen-Brixen und der

Diözese Augsburg ausgebreitet und zählt gegenwärtig rund zweihundertsiebzig Mitglieder, deren eigene Spiritualität sich stark an jener der Beginen orientiert, einer Frauenbewegung des Hochmittelalters, welche ebenfalls nach spirituellen Formen des Lebens außerhalb von Klostermauern (= ohne Gelübde) suchte und die durch die Verbindung von Liturgie, Diakonie und Verkündigung Gott und den Menschen diente.

Diesen Werken der Barmherzigkeit (= Nächstenliebe) und einem Leben in der täglichen Anbetung (= Gottesliebe) hat sich auch die Notburga-Gemeinschaft verschrieben. Damit folgt sie nicht nur dem namensgebenden Vorbild der heiligen Notburga (1265–1313) – „Nächstenliebe ist Gottesliebe" – und den frommen Beginen, sondern lässt sich auch durch verschiedene Texte des Zweiten Vatikanischen Konzils in der vorrangigen Option für die Armen inspirieren:

„Unser Dienst gilt den Kranken, Trauernden, Niedergedrückten und den ‚Bedrängten aller Art', ihnen schenken wir unsere Aufmerksamkeit und Zuwendung, ihnen leihen wir unsere Stimme.

Wir tragen Sorge, dass die Schwächeren in der Kirche einen guten Platz haben, und helfen mit, dass auch diese Menschen die frohe Botschaft von Jesus erfahren.

Ihnen wollen wir die Liebe Gottes sichtbar machen in der Ausübung der leiblichen und geistlichen Werke der Barmherzigkeit."[16]

Ich bin der Überzeugung, dass die Bereitschaft und der Dienst der Notburga-Gemeinschaft ein eminent aktueller Beitrag für das Wohl und das Heil der Menschen sowie der

---

16 A. Kothgasser/K. Auer (Hrsg.), Mut zum Dienen, S. 48.

ganzen Gesellschaft sind, und bin zuversichtlich, dass die Gemeinschaft es auch lange sein wird.

Nach fünf Jahren als Bischof von Innsbruck kam schließlich ein Anruf, mit dem ich niemals gerechnet hätte. Wieder war es der Apostolische Nuntius in Wien, wieder hatte er mir völlig Unerwartetes mitzuteilen; er sagte: „Exzellenz, ich brauche Ihre Zustimmung – vor einer Stunde hat das Domkapitel von Salzburg Sie zum neuen Erzbischof gewählt! Was sagen Sie?"

Ich schwieg. Der Schock saß tief. Meine Gedanken und Gefühle gingen drunter und drüber. Die Fragen türmten sich vor mir auf. Aber dann antwortete ich: „Ich sage, was ich vor fünf Jahren gesagt habe: Ich unterstelle mich ganz dem Willen Gottes, wenn Er es so will, bin ich bereit."

„Danke", entgegnete der Nuntius, „ich gebe es so weiter. Aber bis zur offiziellen Bekanntgabe bewahren Sie bitte Stillschweigen darüber."

Das war mir nur recht. Denn die Situation war nicht einfach für mich. Ich hatte den Eindruck, mit meiner Arbeit in Innsbruck gerade erst begonnen zu haben, und musste sie jetzt vorzeitig und teilweise unerledigt zurücklassen. Wie würde das ankommen? Was würde man davon halten?

Ich schreibe es einer glücklichen Fügung zu, dass sich bald darauf die Österreichische Bischofskonferenz zu Exerzitien in Stift Vorau versammelte; ich wollte die Tage im Schweigen dort nutzen, um über die mir vorausliegende Aufgabe nachzudenken, ohne mich mit den Fragen von Dritten – vor allem der Journalistinnen und Journalisten – herumschlagen zu müssen.

Aber kaum war ich angekommen, wurde ein Telefonat in mein Zimmer durchgestellt; am Apparat war der neu gewählte Landeshauptmann von Tirol DDr. Herwig van Staa.

„Stimmt es, was ich höre?", fragte er.

„Was hörst du?"

„Dass du Erzbischof von Salzburg wirst."

Woher wusste er das? Wahrscheinlich hatte jemand aus dem Ministerrat, der meine Wahl wiederum formal bestätigen musste, geplaudert.

„Das ist noch nicht offiziell", gab ich zurück, hoffend damit nicht das „secreto pontificio", dem ich ja weiterhin unterstellt war, zu brechen.

Nach dem Anruf gab ich der Telefonistin sofort die Anweisung, keine weiteren Gespräche mehr für mich anzunehmen. Aber es dauerte nicht lange, da läutete es wieder – den Nuntius von Wien hatte man nicht gewagt abzuweisen.

„Ich gratuliere", sagte er, „Ihre Wahl wurde akzeptiert."

Tief beeindruckt, war ich trotzdem froh, noch für ein paar Tage in Stift Vorau bleiben zu können; eine Zeit der Ruhe und Sammlung im Gebet würde mir bestimmt guttun, dachte ich, um ausreichend Kräfte sammeln zu können für die hektischen Tage nach meiner Bestätigung.

Am Mittwoch in dieser Woche, zum Mittagessen, das während der Exerzitien ebenfalls im absoluten Schweigen eingenommen wird, kam es zu einer weiteren kleinen Überraschung. Der Wiener Erzbischof und Kardinal Christoph Schönborn (geb. 1945) stand auf, läutete ab und sagte, sich entschuldigend für die ungewöhnliche Unterbrechung: „Ich wurde soeben informiert – und es freut mich, es allen hier Versammelten mitteilen zu dürfen –, dass der neue Erzbischof von Salzburg Alois Kothgasser heißt." – Anschließend kam ein Telefonanruf; Erzbischof Dr. Georg Eder (1928– 2015) wollte mir als Erster gratulieren und mich als seinen Nachfolger als Erzbischof und Metropolit von Salzburg willkommen heißen. Ein Trost war es für mich, dass ein schöner Teil des Landes Tirol seit dem Jahr 739 zur Erzdiözese Salzburg gehört.

Damit war es nun Tatsache geworden und gewissermaßen unleugbar für mich: Ich würde Innsbruck verlassen und nach Salzburg gehen. Und so sehr ich mich einerseits darüber freute, so traurig war ich andererseits, denn während meiner fünf Jahre in Tirol war mir das Land Heimat und waren mir die Leute Familie geworden.

***

Was die anderen sagen

Edith Frasch, langjährige Haushälterin in Tirol und Salzburg

Der bekannte Spruch von Don Bosco „Fröhlich sein, Gutes tun und die Spatzen pfeifen lassen" eignet sich bestens zur Beschreibung von Erzbischof Alois Kothgasser, und zwar übergreifend für den Privatmann, Priester und Ordensmann, wie auch für den kirchlichen Würdenträger.

Bei Erzbischof Alois habe ich in all den Jahren durchgehend eine unerschütterliche Gelassenheit als Grundhaltung wahrgenommen. Auch in schwierigen, drängenden oder unlösbar scheinenden Situationen hat er nie die Nerven verloren. Ich habe ihn niemals schimpfen gehört oder miterlebt, dass er laut oder zornig geworden wäre. Man kann sagen, dass ihn nichts – äußerlich – aus der Ruhe bringen kann. Diese große Gelassenheit erlebe ich bis heute sowohl als eine seiner besonderen Charaktereigenschaften als auch als einen Ausdruck seines großen Gottvertrauens.

Den Auftrag Don Boscos, Gutes zu tun, hat Erzbischof Alois sehr verinnerlicht. Wo eine Not an ihn herangetragen wurde, gleichgültig ob materieller oder geistiger Art, war und ist er bereit, konkret zu helfen und für die Betroffenen da zu sein. Dabei schont er sich nicht.

Die Fröhlichkeit ist bei Erzbischof Alois ebenso wie seine Gelassenheit und Hilfsbereitschaft ein wichtiger Wesenszug. Allerdings ist es im persönlichen Bereich eine meist stille, verinnerlichte Fröhlichkeit, die mit der Gelassenheit einhergeht und wohl im Gottvertrauen gründet. Im strengen Alltag hat sich die Fröhlichkeit eben mehr in der ruhigen Gelassenheit und Zuversicht gezeigt, aber auch manchmal in einer ganz unerwarteten Äußerung als Ausdruck seines tiefgründigen Humors. Drei Beispiele möchte ich dafür erwähnen:

Bei einem Gespräch über eine ernstere Angelegenheit, in dem ich die Aussage traf, damit würde man das Kind mit dem Bad ausschütten, entgegnet Erzbischof Alois: „Das ist nicht gesund für das Kind, wenn man es mit dem Bad ausschüttet."

In einem Zeitungsartikel lese ich, dass ein achtzigjähriger Mann von sich als betagt spricht, und frage Erzbischof Alois, ob er das ebenfalls von sich sagen würde, worauf er antwortete: „Da kann man vielleicht schon von benachtet sprechen."

Bei einem seiner vielen Krankenbesuche rief eine ältere Dame dem Erzbischof Alois zur Verabschiedung nach: „I stirb, i stirb vor lauter Freid." Worauf er schnell zu ihr sagte, dass sie das besser nicht tun solle.

Eine andere Begebenheit, die mich berührt hat und die mit der Wahl von Bischof Alois zum Erzbischof von Salzburg zu tun hat, möchte ich noch kurz anführen: Als die Wahl und die Tatsache, dass Bischof Alois Innsbruck und Tirol verlassen wird, bekannt wurde, hatte ich ein wenig Sorge, als Bischof Reinhold

Stecher an der Tür klopfte, während Bischof Alois unterwegs war. Ich befürchtete, dass der Innsbrucker Altbischof ärgerlich reagieren könnte aufgrund des Umstandes, dass sein Nachfolger schon nach fünf Jahren die Diözese wieder verlässt. Wie erleichtert war ich daher, als er wohl sein großes Bedauern ausdrückte, dann aber sehr überzeugt meinte: „Die Salzburger brauchen jetzt auch einen ‚Guatn'." Später hat er noch sinngemäß über den scheidenden Bischof geschrieben: „Die Innsbrucker müssen sagen ‚Ich hatte einen Kameraden', und die Salzburger können sagen ‚Einen besseren findest du nicht.'"

Ernst Jäger, Generalvikar der Diözese Innsbruck von 1998 bis 2002

Ich habe Erzbischof Alois Kothgasser – damals noch Bischof von Innsbruck – als väterlichen, liebenswerten, bescheidenen Menschen, als frommen und gläubigen Priester und als umsichtigen, volksverbundenen Hirten mit dem Motto „In der Mitte nach vorn" erlebt. Als meinen Vorgesetzten habe ich ihn sehr schätzen gelernt, weil er mir großes Vertrauen entgegengebracht und Freiraum gegeben hat.

Durch sein schlichtes Auftreten hat er eine Atmosphäre geschaffen, in der sich auch einfache Menschen getraut haben, mit ihm ins Gespräch zu kommen. Dabei war sein Namensgedächtnis phänomenal. So war er den einfachen Menschen ein sehr verbundener, liebenswürdiger und heiterer Hirte, eine Art fürsorgliche Vaterfigur des gläubigen Volkes.

Eine große Stärke von ihm war seine heitere Gelassenheit, dadurch konnte er immer wieder heikle oder emotional aufgeheizte Situationen entdramatisieren. Erstaunlich war dabei auch seine Hartnäckigkeit, wenn es darum ging, seinen Überzeugungen zu folgen, da konnte er trotz aller Sanftmut sehr konsequent vorangehen.

Ein bleibender diözesaner Impuls waren die Einladung bzw. Aufforderung an die Pfarreien, regelmäßige Anbetungszeiten einzuführen oder weiterhin zu pflegen. Nachhaltige „Leistungen" waren, neben der Renovierung und dem Neubau zahlreicher Gotteshäuser, u. a. die Errichtung des sozial-pastoralen Zentrums in Telfs, der Bau einer Kapelle im Haus der Begegnung in Innsbruck sowie im Südturm des Doms, die Weihe des Pfarrzentrums in Innsbruck-Kranebitten sowie die Gründung des österreichweit ersten offiziellen Arbeitskreises für Homosexuellenpastoral (DAHOP).

Reinhold Stecher, Altbischof der Diözese Innsbruck († 2013)

Ich habe immer um einen Nachfolger mit theologischem Tiefgang gebetet. Und da bin ich doppelt erhört worden. Wer sich um den Heiligen Geist bemüht, ist an der Quelle allen christlichen Lebens. Im Heiligen Geist berührt uns Gott, sind wir mit Christus verbunden. Er ist der Mutmacher, der Tröster, der Beistand. Er schenkt uns gläubigen Hausverstand, bewahrt vor Engführungen und Extremen, religiösem Überschwang und falschem Traditionalismus. Der Heilige Geist ist der Zündfunke der schöpferischen Kirche, der rechten Antworten auf die Nöte der Zeit. Und weil ich glaube, dass die Kirche von heute diese Gaben des Geistes braucht, darum bin ich so froh, dass mein Nachfolger auf dieser Schiene fährt, dass er ein Pneumatologe ist. Ich habe noch ein Weiteres an ihm kennengelernt, von dem ich glaube, dass es die Kirche braucht: seine menschliche Art, seine Kunst zuzuhören, einzugehen, dem Gesprächspartner das Gefühl zu geben, dass er für ihn da ist und dass er ihn ernst nimmt. Auf solchem Posten ist man ja sehr oft ein von Terminen und Aufgaben Gehetzter – und da ist eine gelassene, heitere Menschenfreundlichkeit eine große Gabe des Herzens.[17]

Hermann Steidl, Bischofsvikar für Orden und spirituelle Bewegungen

Erzbischof Alois Kothgasser pflegte bereits als Bischof von Innsbruck einen kooperativen Führungsstil, stets unter Einbeziehung und Beteiligung aller Betroffenen gemäß dem Motto „Alle, die es betrifft, gehören an denselben Tisch". Er war davon überzeugt, dass jene, die eingebunden worden sind und miteinander um eine Entscheidung gerungen haben, diese auch mittragen werden. Dabei förderte und motivierte er mit großzügigem Vertrauen alle Mitarbeitenden und bewies bei Personalentscheidungen eine glückliche Hand, stets zum Wohle der Diözese und des Betreffenden.

Alois Kothgasser ist ein sehr geselliger, lebensfroher und unterhaltsamer Mensch und Priester. Er erzählte bei Besuchen – speziell in Ordenshäusern – immer gerne kleine Humoresken, wie zum Beispiel: „Ein alter Salesianerpater meinte, wenn er gestorben ist, wird er in den Himmel kommen und drei Wunder erleben. Erstens: Guter Gott, jetzt habe ich es geschafft! Zweitens: Großartig, der ist da und die ist da, wunderbar, welch ein erfreuliches Zusammentreffen! Drittens: Hätte ich mir nicht gedacht, dass der und die auch da sind! Gott, wie groß musst du sein?!"

Alois Kothgasser war und ist ein außergewöhnlich eifriger und fleißiger Seelsorger. Keine Aufgabe war ihm jemals zu klein oder

---

17 Auszug aus der Predigt anlässlich des 70. Geburtstages von Erzbischof Alois Kothgasser in der Dekanatspfarrkirche St. Johann i. T.

zu groß, getreu dem Ausspruch des heiligen Don Bosco: „Hier auf Erden sollt ihr arbeiten, ausruhen könnt ihr im Himmel noch genug."

Herwig van Staa, ehem. Bürgermeister von Innsbruck, ehem. Landeshauptmann von Tirol und ehem. Landtagspräsident

Mit Erzbischof Dr. Alois Kothgasser verbindet mich eine mehr als 20-jährige Freundschaft.

Ich habe Alois Kothgasser als Bürgermeister von Innsbruck kennengelernt, als er im Oktober 1997 zum Bischof von Innsbruck ernannt wurde. Den ersten Bischof von Innsbruck Dr. Paulus Rusch habe ich als Student kennengelernt und sein Nachfolger Dr. Reinhold Stecher war mir als Studentenseelsorger seit 1960 bekannt, später sehr vertraut und in den letzten Jahrzehnten durfte ich sein Freund werden. Deshalb waren viele meiner Freunde und ich als Katholiken sehr interessiert, dass die Diözese Innsbruck auch als Nachfolger einen guten Bischof erhält. Dieser war dann Univ.-Prof. Dr. Alois Kothgasser, der mich bereits bei unserem ersten Zusammentreffen vor seiner Bischofsweihe unglaublich beeindruckt hat. Alois Kothgasser suchte mich, den damaligen Bürgermeister von Innsbruck, zu einem Gespräch auf. Ich war überwältigt von seiner Offenheit, von seinen klaren Vorstellungen, spürte seine Güte und was mich am meisten verblüffte war das Vertrauen, das er mir – einem Menschen, den er eigentlich nicht kannte – entgegengebracht hat. Ich habe ihn in diesem Gespräch darauf hingewiesen, dass er mit der Gewährung von Vertrauen doch vorsichtiger sein sollte. Er hatte damals gemeint, er spüre oft unmittelbar, ob er jemandem vertrauen könne und er sei in seiner diesbezüglichen Bereitschaft in der Vergangenheit kaum enttäuscht worden.

In den folgenden Jahren konnte ich immer wieder feststellen, dass er im Verhalten mir gegenüber immer diese Vertrauensbasis beibehalten hat.

Einerseits mit großer Freude über seine Rangerhöhung, andererseits mit großem Bedauern über seinen Weggang haben wir seine Wahl zum Erzbischof von Salzburg miterleben dürfen. Erleichtert wurde uns dieser Abschied, da er in seiner neuen Funktion als Metropolitanbischof mit dem Bistum Innsbruck verbunden blieb. Die engen Beziehungen zu Innsbruck hat er als Erzbischof von Salzburg nicht nur aufrechterhalten, sondern, wie ich weiß, auch noch vertieft.

Sowohl in meiner Zeit als Landeshauptmann von Tirol und dann als Landtagspräsident habe ich immer eng mit ihm, der Erzdiözese Salzburg, zu der auch fünf Dekanate in Tirol gehören, zusammengearbeitet. Mit großer Freude habe ich dann die Mitteilung erhalten, dass der emeritierte Erzbischof seinen Ruhewohnsitz im Kloster Baumkirchen bei den Schwestern seines Salesianerordens gewählt hat. Seit seinem Ruhestand ist er weiterhin unermüdlich, sowohl in der Erzdiözese Salzburg als auch in der Diözese Innsbruck, seelsorgerisch tätig, hilft aus, wo immer er kann und ist für alle Menschen nicht nur ein angenehmer Gesprächspartner, sondern vor allem auch ein geduldiger Zuhörer. Beide Diözesen können sich glücklich schätzen, diese Persönlichkeit miteinander teilen zu dürfen!

Ich bin Alois Kothgasser auch dankbar, dass er immer wieder bereit war und ist, Aufgaben in Institutionen zu übernehmen, denen ich ebenfalls als Mitglied sehr verbunden bin. Es sind dies der Orden der Grabesritter, deren Großprior er für uns war, der Tiroler Mittelschüler-Cartell-Verband durch seine Mitgliedschaft bei der KÖSt Teutonia Innsbruck und alle drei CV-Verbindungen in Salzburg.

7.

Salzburg

„Ich komme wie ich bin, mit den Fähigkeiten, mit den Grenzen, aber vor allem mit einem tiefen Glauben und einer großen Zuversicht – genau das möchte ich sein: Diener der Hoffnung für die, die Gott mir anvertraut."[18]

Die Gefühle und Gedanken bei meiner feierlichen Amtseinführung am 19. Januar 2003 im Dom zu Salzburg lassen sich kaum beschreiben; es war wahrscheinlich ähnlich beeindruckend wie bei meiner Bischofsweihe in Innsbruck rund fünf Jahre zuvor: Ich war schier überwältigt davon, was geschieht, und ließ es geschehen. Ich gab mich ganz der Situation hin, ebenso wie ich mich ganz dem Willen Gottes hingab, auf den ich vertraute.

Bestimmend in diesen Tagen und Stunden des schwierigen Abschieds von Innsbruck einerseits und des herzlichen Empfangs in Salzburg andererseits war wohl das Gefühl der Dankbarkeit. Ich war dankbar für so vieles, das mir widerfahren war, und war dankbar für die Möglichkeiten, die sich mir neu darboten. Ich war dankbar für die Menschen, die mir begegnet waren, und dankbar für diejenigen, die jetzt auf mich zukamen und mich herzlich willkommen hießen.

---

18 Alois Kothgasser während der ersten Pressekonferenz nach seiner Wahl zum Erzbischof von Salzburg am 29. November 2002.

Kurz: Ich war dankbar für alles Gewesene und dankbar für alles Kommende. Und so lautete meine Hoffnung am Beginn meiner Zeit als Erzbischof von Salzburg, dass ich meinen Dienst für Glaube und Heimat so fortsetzen könne, wie es der Tradition und den Anforderungen des Lebens von heute entspricht; und meine Bitte an alle lautete, dass sie meinen Dienst im Gebet und mit Wohlwollen begleiten sollten, damit ich tatsächlich mit allen für alle wirken kann.

Wie in Innsbruck hatte ich mir auch in Salzburg vorgenommen, zuerst ein Jahr lang zu sondieren, d. h. die Erzdiözese kennenzulernen, auf die Menschen zuzugehen, sie anzuhören und mit ihren Problemen, Fragen sowie Vorschlägen ernst zu nehmen, um mir ein ganzheitliches Bild darüber zu verschaffen, was dringend anzupacken war und was noch Zeit hatte bzw. mehr Zeit benötigte, um sich tiefergehend und nachhaltig damit auseinanderzusetzen.

Rückblickend gab es damals erhebliche Spannungen in der Erzdiözese, welche unter meinem Vorgänger entstanden waren und die ich mir zu lösen als erstes vorgenommen hatte.[19] Konkret handelte es sich dabei um eine Spaltung im Priesterrat, hervorgerufen durch die Neugründung eines eigenständigen Priestervereins unter Dechant Peter Hausberger (geb. 1951). Dieser hatte sich 1995 als Reaktion auf

---

19 U. a. waren der Konflikt um die inhaltliche Ausrichtung der Kirchenzeitung Rupertusblatt und die Bischofsweihe von Andreas Laun OSFS (geb. 1942) Gründe für einige Auseinandersetzungen zwischen Erzbischof Georg Eder (1928–2015) und Teilen des Klerus sowie des Kirchenvolkes, das die Erneuerung der Kirche gefährdet sah. Andererseits berief der umstrittene Erzbischof ein Diözesanforum für Salzburg im Herbst 1996 ein, das sowohl mit einem Konsens beendet wurde als auch zu einer kurzweiligen Annäherung zwischen Georg Eder, dem Domkapitel, dem Klerus und den aktiven Laien führte.

mehrere unliebsame Entscheidungen des emeritierten Erzbischofs konstituiert und stellte im Klerus und gewissermaßen auch im Kirchenvolk von Salzburg eine kämpferische Opposition dar, welche ich in ihren verschiedenen Anliegen zwar verstand, aber dennoch lieber in die Einheit zurückführen wollte. Dies gelang schließlich nach einem Jahr, in dem eine gemeinsame Gesprächsbasis wieder erarbeitet werden konnte, welche für alle Beteiligten tragfähig war und auch in Zukunft verlässlich erschien.

Hinzuhören und die realistische Situation der Menschen kennenzulernen, war und ist mir wichtig; vor allem als Salesianer Don Boscos ist ein Leben und Wirken ohne das Miteinander nicht denkbar. Nur im echten Miteinander können wir ein Verständnis füreinander bekommen, können gegenseitige Vorurteile abbauen und gemeinsam Brücken aufbauen.

Ich wollte immer so viel wie möglich unter und mit den Menschen sein und bin immer für eine offene Gemeinschaft gewesen, denn ich bin überzeugt: Wir sollen nicht nur eine kleine Herde bilden – der Weg Jesu führt zu allen Menschen.

Es ist eine Grundfrage: Soll die katholische Kirche sozusagen gesundgeschrumpft werden gleichsam auf eine Sekte, wo nur wenige, aber dafür linientreue Mitglieder dabei sind, oder soll die katholische Kirche die Kirche Jesu Christi bleiben, die Raum für Vielfalt bietet, offen ist und die Gesellschaft von innen her prägt?

Natürlich muss die Kirche in ihrer Verkündigung immer auch Alternativen und Korrekturen zu bestehenden gesellschaftlichen Entwicklungen bieten. Jesus hat viele verschiedene Menschen in seine Nachfolge gerufen und keine Berührungsängste gehabt. Es ist notwendig für die Kirche und

Mein erstes Jahr als Erzbischof von Salzburg war geprägt vom
Bemühen, das Vertrauen in die Ortskirche wieder herzustellen.

Mit Bischof Manfred Scheuer, meinem Nachfolger in Innsbruck, und Abt Raimund Schreier, OPraem von Stift Wilten

Not-wendend für die Gesellschaft, wenn die Kirche sich den Menschen zuwendet und ihre Weite bewahrt. Wenn nämlich das Vertrauen in die Ortskirche fehlt, beginnt auch das Vertrauen in die zentrale Autorität der Universalkirche zu schwinden.

Daher ist mir auch die Initiative „Offener Himmel" so überaus wertvoll, weil es durch sie erst möglich geworden ist, eine Art mobilen Begegnungsraum zu schaffen, wo Menschen allerorts mit ihrem Bischof, ohne zeitlichen Druck, zusammentreffen können und Fragen des Lebens sowie des Glaubens gemeinsam erörtert werden und wo es Respekt für jeden und Aufmerksamkeit für alles gibt, Das das Herz bewegt und die Seele in Aufruhr versetzt.

Es waren Aktionen wie diese, die ein freundlicheres (Gesprächs-)Klima in der Erzdiözese Salzburg mit der Zeit schafften und insofern reiche Früchte trugen, wodurch ein neues und stabiles Vertrauen in die Ortskirche entstand und zur Mitarbeit in den Pfarren motiviert werden konnte. Für mich persönlich war es jedoch die Gelegenheit, mit Menschen aller Altersgruppen, Berufe, Situationen, Erfahrungen und Ansichten zusammenzutreffen, ihnen aufmerksam zuzuhören und mich mit ihnen darüber auszutauschen, was ihnen wichtig ist, wovor sie sich ängstigen, welche Hoffnungen sie hegen und wobei ich ihnen als Priester und ihr Erzbischof dienen kann.

Neben den Sorgen und Problemen Einzelner gab es dabei auch Themen ganz allgemeiner Natur, allen voran die Frage nach dem Schutz des Lebens, konkret: Wie gehen wir als Gesellschaft mit dem Leben an seinem Anfang und an seinem Ende um?

Inspiriert von diesen zahlreichen, auf Klärung drängenden Gesprächen und der zehn Jahre zuvor veröffentlichten Enzyklika „Evangelium vitae" von Papst Johannes Paul II. schrieb ich zu Beginn der Fastenzeit 2005 meinen wohl längsten Hirtenbrief „Wähle das Leben", den ich an dieser Stelle auszugsweise wiedergeben möchte, da die Unantastbarkeit des menschlichen Lebens nicht oft genug betont werden kann:

„Liebe Schwestern und Brüder auf dem Weg des Lebens!
Dankbar für die kostbare Gabe des Lebens haben wir Christen und Christinnen Freude am Leben und nehmen den Auftrag, das Leben vom Beginn bis zum natürlichen Tod in umfassender Weise zu schützen, ernst. [...] Selbst in Schwierigkeiten und Unsicher-

heiten vermag jeder Mensch, der ehrlicherweise für die Wahrheit und das Gute offen ist, den Wert und die Würde des menschlichen Lebens vom ersten Augenblick des Daseins bis zu seinem Ende zu erkennen und das Recht jedes Menschen zu bejahen, dass dieses sein wichtigstes Gut in höchstem Maße geachtet werde. Auf der Anerkennung dieses Rechtes beruhen das menschliche Zusammenleben und das politische Gemeinwesen. […]

Tatsächlich gibt es in unserer Zeit eine erschütternde Vermehrung und Verschärfung der Bedrohungen des Lebens von Personen und Völkern, vor allem dann, wenn dieses Leben schwach und wehrlos ist. […] Mit den neuen, vom wissenschaftlich-technologischen Fortschritt eröffneten Perspektiven entstehen neue Formen von Anschlägen auf die Würde des Menschen, die den Verbrechen gegen das Leben einen bisher unbekannten Aspekt verleihen und neue, ernste Sorgen auslösen: Breite Schichten der öffentlichen Meinung rechtfertigen manche Verbrechen gegen das Leben im Namen der Rechte der individuellen Freiheit und beanspruchen unter diesem Vorwand nicht nur Straffreiheit für derartige Verbrechen, sondern sogar die Genehmigung des Staates, sie in absoluter Freiheit und unter Beteiligung des staatlichen Gesundheitswesens durchzuführen. Das alles bewirkt einen tiefgreifenden Wandel im Blick auf das Leben und die zwischenmenschlichen Beziehungen. Selbst die Medizin, die auf die Verteidigung und Pflege des menschlichen Lebens ausgerichtet ist, verwendet sich in einigen ihrer Bereiche immer eingehender für die Durchführung dieser Handlungen gegen die Person und entstellt auf diese Weise ihr Gesicht, widerspricht sich selbst und verletzt die Würde all derer, die sie ausüben.

Das Ergebnis, zu dem man gelangt, ist dramatisch: So schwerwiegend und beunruhigend das Phänomen der Beseitigung so vieler menschlicher Leben vor der Geburt und auf dem Weg zum Tod auch sein mag, so ist die Tatsache nicht weniger schwerwiegend und beunruhigend, dass selbst immer mehr das Gewissen verdunkelt wird, die Unterscheidung zwischen Gut und Böse wahrzunehmen im Hinblick auf den fundamentalen Wert des Lebens.

Darum muss die Kirche den Stimmlosen ihre Stimme leihen und eine klare und feste Bekräftigung des Wertes des menschlichen Lebens und seiner Unantastbarkeit als leidenschaftlichen Appell im Namen Gottes an alle und jeden Einzelnen richten: Achte, verteidige, liebe das Leben, jedes menschliche Leben, und diene ihm! [...]

Die Entscheidungen gegen das Leben entstehen bisweilen aus schwierigen oder geradezu dramatischen Situationen, die von Leid und Einsamkeit, von völligem Fehlen wirtschaftlicher Perspektiven, von Depression und Zukunftsangst geprägt sind. Solche Umstände können die subjektive Verantwortlichkeit und die daraus folgende Schuld derer vermindern, die diese in sich verbrecherischen Entscheidungen treffen.

Trotzdem geht das Problem heute weit über die, wenn auch gebotene Anerkennung dieser persönlichen Situationen hinaus. Es stellt sich auch auf kultureller, sozialer und politischer Ebene, wo es sein subversivstes und verwirrendstes Gesicht in der immer weiter um sich greifenden Tendenz zeigt, die erwähnten Verbrechen gegen das Leben als legitime Äußerungen der individuellen Freiheit auszulegen, die als wahre und eigene Rechte anerkannt und geschützt werden müssten.

Die Idee der Menschenrechte gerät heute dadurch in einen überraschenden Widerspruch: Gerade in einer Zeit, in der man feierlich die unverletzlichen Rechte der Person verkündet und öffentlich den Wert des Lebens geltend macht, wird das selbe Recht auf Leben, besonders in den bezeichnendsten Augenbli-

111

cken des Daseins, wie es Geburt und Tod sind, praktisch verweigert und unterdrückt. Auf der einen Seite sprechen die verschiedenen Menschenrechtserklärungen und die vielfältigen Initiativen, die von ihnen erfreulicherweise inspiriert werden, von der Durchsetzung einer moralischen Sensibilität auf Weltebene, die sorgfältig darauf achtet, den Wert und die Würde jedes Menschen als solchen anzuerkennen, ohne jede Unterscheidung von Rasse, Nationalität, Religion, Geschlecht, politischer Meinung und sozialem Stand. Auf der anderen Seite setzt man leider in den Taten ihre tragische Verneinung. Diese ist noch bestürzender, ja skandalöser, weil sie sich in einer Gesellschaft abspielt, die die Durchsetzung und den Schutz der Menschenrechte zu ihrem Hauptziel und zugleich zu ihrem Ruhmesblatt macht. Wie lassen sich diese wiederholten Grundsatzbeteuerungen mit der ständigen Vermehrung und verbreiteten Legalisierung der Angriffe auf das menschliche Leben in Einklang bringen? Wie lassen sich diese Erklärungen in Einklang bringen mit der Ablehnung des schwächsten, des bedürftigsten, des alten oder des soeben im Mutterschoß empfangenen Lebens?

Diese Angriffe stellen eine fundamentale Bedrohung der gesamten Kultur der Menschenrechte dar, eine Bedrohung, die letzten Endes im Stande ist, selbst die Bedeutung des demokratischen Zusammenlebens aufs Spiel zu setzen: Unsere Städte laufen Gefahr, aus einer Gesellschaft von zusammenlebenden Menschen zu einer Gesellschaft von Ausgeschlossenen, an den Rand Gedrängten, Beseitigten und Unterdrückten zu werden.

Wo liegen die Wurzeln eines derart paradoxen Widerspruchs? Vermutlich in einer Auffassung von Freiheit, die das einzelne Individuum zum Absoluten erhebt und es nicht zur Solidarität, zur vollen Annahme der anderen und zum Dienst an ihm ermutigt. Es handelt sich um eine ganz individualistische Freiheitsauffassung, die schließlich die Freiheit der Stärkeren gegen die zum Unterliegen bestimmten Schwachen ist. Die Freiheit besitzt eine wesentliche Beziehungsdimension. Sie ist ein großes Geschenk des Schöpfers, sie steht letztlich im Dienst der Person und ihrer Verwirklichung durch die Selbsthingabe und die Annahme des anderen. Meine Freiheit findet an der Freiheit des anderen ihre Grenzen. [...]

Wenn [allerdings] die Förderung des eigenen Ich als absolute Autonomie verstanden wird, gelangt man unvermeidlich zur Verneinung des anderen, der als Feind empfunden wird, gegen den man sich verteidigen muss. Dann beginnt jeder Bezug zu gemeinsamen Werten und zu einer für alle geltenden Wahrheit zu schwinden: Das gesellschaftliche Leben läuft Gefahr, alles verhandeln zu können, auch das erste Grundrecht, das Recht auf Leben.

Das Recht hört auf Recht zu sein, wenn es nicht mehr fest auf der unantastbaren Würde der Person gründet, sondern dem Willen des Stärkeren unterworfen wird. Auf diese Weise ist die Demokratie ungeachtet ihrer Regeln in der Gefahr, den Weg einer Demokratur zu beschreiten. Der Staat, das Land ist nicht mehr das gemeinsame Haus, in dem alle nach den Prinzipien wesentlicher Gleichheit leben können, sondern es verwandelt sich in eine Art von Tyrannei, die sich anmaßt, im Namen einer allgemeinen Nützlichkeit – die in Wirklichkeit nichts anderes als das Interesse einiger weniger oder bestimmter Gruppen ist – über das Leben der Schwächsten und Schutzlosesten, vom ungeborenen Kind bis zum alten Menschen, verfügen zu können. [...]

Das menschliche Leben befindet sich in einer Situation großer Gefährdung, wenn es in die Welt eintritt und wenn es das irdische Dasein verlässt. Die Aufforderungen zu Sorge und Achtung vor allem gegenüber dem von Krankheit und Alter gefährdeten Sein sind im Wort Gottes sehr wohl vorhanden. Wenn es an direkten und ausdrückliche Aufforderungen zum Schutz des menschlichen Lebens in seinen Anfängen, insbesondere des noch ungeborenen wie auch des zu Ende gehenden Lebens, fehlt, so lässt sich das leicht daraus erklären, dass schon allein die Möglichkeit, das Leben in diesen Situationen zu verletzen, anzugreifen oder gar zu leugnen, der religiösen und kulturellen Sicht des Gottesvolkes Israel fremd ist. […]

Wirksam ist aber vor allem die Gewissheit, dass das von den Eltern weitergegebene Leben seinen Ursprung in Gott hat, wie die vielen Bibelstellen bezeugen, die voll Achtung und Liebe von der Empfängnis, von der Formung des Lebens im Mutterleib, von der Geburt und von der engen Verbindung sprechen, die zwischen dem Anfang des Seins und dem Tun Gottes des Schöpfers besteht. […]

Alles Leben ist empfangen. Kein Mensch hat sich selbst in die Welt gesetzt. Daraus folgt die Dankbarkeit, überhaupt leben zu dürfen, die Dankbarkeit, auch den Eltern gegenüber, die das Leben geschenkt haben. Wir sind ein Volk des Lebens, nicht des Todes! Das menschliche Leben hat seinen Mittelpunkt, seinen Segen und seine Fülle erreicht, wenn es selbst verschenkt wird in der Hingabe im Dienst an den Mitmenschen. […]

Viele unserer Zeitgenossen, leider auch Christen, teilen heute die Ansicht, dass Abtreibung zwar nicht sein soll, aber in einzelnen Fällen unvermeidlich wäre und deshalb als kleineres Übel gerechtfertigt sein könnte. Diese Einstellung führt dazu, dass man zwar grundsätzlich am Wert des Lebens des ungeborenen Kindes festhält, ihm aber im konkreten Fall andere, nachgeordnete Gesichtspunkte, etwa eine materielle oder seelische Notlage oder das Selbstbestimmungsrecht der Frau, vorordnet. Abtreibung erscheint dann als ein von den Zwängen des Lebens diktierter Ausweg. Dabei wird das Lebensrecht des ungeborenen Kindes dem geborenen Menschen untergeordnet. Wenngleich solche Rechtfertigungsgründe bei vielen unserer Zeitgenossen auf Zustimmung stoßen, so halten sie doch einer rationalen Überprüfung nicht stand. Das ungeborene Kind trägt bereits alle Möglichkeiten seiner späteren Entwicklung in sich. Es ist ein und derselbe Mensch, der vom Augenblick der Zeugung an in einem kontinuierlichen Prozess seine Anlagen entfaltet, bis er zu einem eigenverantwortlichen, selbständigen Dasein heranwächst. Deshalb ist ein menschliches Geschöpf vom Augenblick seiner Empfängnis an als menschliche Person zu achten und zu behandeln.

Menschliches Leben besitzt von Anfang an eigene Würde, eigenes Recht und eigenständigen Schutzanspruch, der durch die Rechte anderer oder besondere, ihm entgegenstehende Umstände nicht aufgehoben werden kann. Bei der Entscheidung für oder gegen eine Abtreibung steht das ganze Leben eines Menschen auf dem Spiel; es steht in Frage, ob ein menschliches Leben mit all seinen unvorhersehbaren Erfahrungen und Erlebnissen, seinem zukünftigen Glück und Leid, mit allen menschlichen Beziehungen, in denen es sich entfalten kann, mit aller möglichen Freude für sich und für andere sein darf oder nicht. Der Gedanke einer Abwägung der verschiedenen auf dem Spiel stehenden Güter ist hier völlig fehl am Platz. Denn es geht bei der Abtreibung nicht um ein einzelnes Gut, sondern um das Leben selbst, das für jeden von uns, ob geboren oder ungeboren, Voraussetzung aller anderen Güter des Lebens, aller persönlichen Wertung, bewussten Pläne oder individuellen Zielsetzungen ist. [...]

Ein elementarer Grundsatz, dem das neuzeitliche Menschenrechtsdenken und der demokratische Rechtsstaat zum Durchbruch verholfen haben, lautet: Das Leben eines jeden Menschen ist gleich viel wert, unabhängig von seinem sozialen Status, seiner wirtschaftlichen Leistungsfähigkeit, seinem Bildungsniveau, seiner

Hautfarbe oder seinem Aussehen, seinem Geschlecht, seinem Alter oder seinem gesundheitlichen Zustand, seiner Religion. Diese Überzeugung von der gleichen Würde aller Menschen muss mit gleichem Ernst und ohne Abstriche für das Leben ungeborener Kinder gelten. Die Kirche verteidigt ein grundlegendes Menschenrecht und ein Grundprinzip des demokratischen Rechtsstaates, welches im Grundrecht auf Leben und körperliche Unversehrtheit zur Geltung kommt.

Das Gebot „Du sollst nicht töten" muss auch in Konfliktsituationen als Grundlage eines humanen Zusammenlebens anerkannt werden. Es kann seine gesellschaftliche Friedensfunktion nur erfüllen, wenn es auch gegenüber den schwächsten Mitgliedern der Gesellschaft wirksam praktiziert wird. Der Respekt vor der Personwürde des Menschen umfasst daher die Unverletzlichkeit seines leiblichen Daseins von allem Anfang an. Als vorsätzliche Tötung eines unschuldigen Menschen ist Abtreibung darum ein schweres Unrecht, das niemals gerechtfertigt werden kann, auch nicht durch Berufung auf eine persönliche Gewissensentscheidung. […]

Doch heute hat sich im Gewissen vieler die Wahrnehmung der Schwere des Vergehens nach und nach verdunkelt. Die Billigung der Abtreibung in Gesinnung, Gewohnheit und selbst im Gesetz ist ein beredtes Zeichen für eine sehr gefährliche Krise des sittlichen Bewusstseins, das immer weniger imstande ist, zwischen Gut und Böse zu unterscheiden, vor allem auch, wenn es das Grundrecht auf Leben betrifft. […]

Die vorsätzliche Abtreibung ist, wie auch immer sie vorgenommen werden mag, die beabsichtigte und direkte Tötung eines menschlichen Geschöpfes in dem zwischen Empfängnis und Geburt liegenden Anfangsstadium seiner Existenz. Getötet wird hier ein menschliches Geschöpf, das gerade erst dem Leben entgegengeht, das heißt das absolut unschuldigste Wesen, das man sich vorstellen kann. Es ist schwach, wehrlos, sodass es selbst ohne jedes Minimum an Verteidigung ist, wie sie die flehende Kraft der Schreie und des Weinens des Neugeborenen darstellt. Es ist voll und ganz dem Schutz und der Sorge derjenigen anvertraut, die es im Schoße trägt.

Gewiss nimmt der Entschluss zur Abtreibung für die Mutter sehr oft einen dramatischen und schmerzlichen Charakter an, wenn die Entscheidung, sich der Frucht der Empfängnis zu entledigen, nicht aus rein egoistischen und Bequemlichkeitsgründen gefasst wurde, sondern weil manche wichtige Güter wie die eigene Gesundheit oder ein anständiges Lebensniveau für die anderen Mitglieder der Familie gewahrt werden sollen. Manchmal sind für das Ungeborene Existenzbedingungen zu befürchten, die den Gedanken aufkommen lassen, es wäre für dieses besser, nicht geboren zu werden. Niemals jedoch können diese und ähnliche Gründe, mögen sie noch so ernst und dramatisch sein, die vorsätzliche Vernichtung eines unschuldigen Menschen rechtfertigen.

Natürlich ist zu bedenken: Eine Abtreibung steht in vielfältigen Zusammenhängen. Bei vielen Diskussionen gerät leicht in Vergessenheit, dass die Schwangerschaft wie die Geburt für die allermeisten Frauen eine sehr positive Erfahrung ist. Trotz möglicher körperlicher und seelischer Umstellungsprobleme gehört sie nach ihrer Erfahrung zum Schönsten, was Menschen überhaupt erleben können. Wenn die Schwangerschaft freilich ungewollt eintritt, kommen bei vielen Frauen leicht Befürchtungen und Ängste auf; es stellen sich ihnen bange Fragen an die eigene Zukunft und die des ungeborenen Kindes: Was wird aus meinen Lebensplänen? Wie geht es mit mir weiter? Werde ich mit dem Kind zurechtkommen? Werde ich ihm alles geben können, was es braucht? Wird meine Partnerschaft halten oder wird sie durch das Kind belastet und am Ende gar zerbrechen?

In einer solchen Situation ist in ganz besonderer Weise der Vater des Kindes aufgefordert, seine Verantwortung für die Frau und das Kind zu erkennen und ihr nicht auszuweichen – eine Aufgabe, für die er kaum positive Leitbilder findet in einer Gesellschaft, in der es für viele als Kavaliersdelikt gilt, eine schwanger gewordene Frau sitzen zu lassen. Ein Schwangerschaftskonflikt bleibt niemals auf eine Zweierbeziehung beschränkt. Er ist vielmehr durch eine Beziehung zwischen drei Personen bestimmt. Allzu leicht wird das eigenständige Lebensrecht des Kindes aus der Betrachtung ausgeblendet und übersehen, dass das ungeborene Kind nicht Eigentum der Eltern, sondern gerade in seiner Wehrlosigkeit ihnen anvertraut ist. Es hat darum nicht mit unzulässigem seelischem Druck zu tun, wenn Vater und Mutter daran erinnert werden, dass sie gemeinsam Verantwortung tragen für das wehrlose und verletzliche menschliche Lebewesen. Dem Vater machen es die Natur und die Gesellschaft leichter, sich seiner Verantwortung zu entziehen. Die schwangere Frau ist in einer anderen Lage. Normalerweise sucht sie nicht einen bequemen und leichten Ausweg. Sie braucht jedoch jemanden, der sie in ihrer Situation versteht und der zu ihr steht. Wer ihr als Lösung ihrer Probleme zur Abtreibung rät, lässt sie letztlich allein. Scheinbare Entlastung und Befreiung erweisen sich auf Dauer zumeist als schwere Belastung, mit der sie auf ihrem weiteren Lebensweg allzu oft erst recht allein fertig werden muss.

Das Problem ungewollter Schwangerschaften betrifft aber nicht nur die Eltern des ungeborenen Kindes. Viele Menschen aus ihrem Umkreis nehmen Einfluss auf die Entscheidung für oder gegen das Kind: Familie, Freunde, Nachbarn, Arbeitskollegen und -kolleginnen. Von Einstellung und Haltung des sozialen Umfelds hängt es entscheidend mit ab, ob die Eltern des ungeborenen Kindes oder die Mutter allein die Kraft finden, das Kind anzunehmen. Wenn sich das familiäre Umfeld verweigert oder gar offen Druck ausübt, ist es für die Eltern oft unmöglich, Perspektiven für ein Leben mit ihrem Kind zu entdecken. Immer sind am Ende viele mitschuldig geworden, wenn eine schwangere Frau den Gang zu einem Arzt antritt, der bereit ist, seine ärztliche Kunst zum Töten zu missbrauchen.

Es ist durch vielfältige Erfahrungen erwiesen, dass Frauen, die sich in ihrer Bedrängnis zu einer Abtreibung entschlossen haben, später unter ihrer Entscheidung leiden und sie bereuen. Als Christen wissen wir, dass selbst das Unrecht des Tötens durch Gott Vergebung finden kann. Vor Gott muss keine Frau mit ihren Ängsten, Selbstzweifeln und Schuldgefühlen allein bleiben. Vergebung und Versöhnung meinen jedoch etwas anderes als die in unserer Gesellschaft weit verbreitete Haltung der Gleichgültigkeit gegenüber dem geschehenen Unrecht. Vergebung ist nur möglich, wenn Schuld nicht heruntergespielt oder verdrängt, sondern eingesehen und angenommen wird. Wo dies geschieht, ist bereits der erste Schritt zur Vergebung und Versöhnung und damit zur Neuorientierung des Lebens getan. […]

Eines der Merkmale der derzeitigen Anschläge auf das menschliche Leben besteht in dem Bestreben, gesetzliche Legitimation zu fordern […]

Die radikalsten Meinungsäußerungen gehen schließlich so weit zu behaupten, in einer modernen und pluralistischen Gesellschaft müsste jedem Menschen volle Autonomie zuerkannt werden, über das eigene Leben und das Leben des ungeborenen Kindes zu verfügen. Auf jeden Fall ist in der demokratischen Kultur unserer Zeit die Meinung weit verbreitet, wonach sich die Rechtsordnung einer Gesellschaft darauf beschränken sollte, die

Überzeugungen der Mehrheit zu verzeichnen und anzunehmen, und daher nur auf dem aufbauen könne, was die Mehrheit selber als moralisch anerkennt und lebt.

Gemeinsame Wurzel all dieser Tendenzen ist ein gewisser ethischer Relativismus, der für weite Teile der modernen Kultur bezeichnend zu sein scheint.

Aber der Wert der Demokratie steht und fällt mit den Werten, die sie verkörpert und fördert: Grundlegend und unumgänglich sind sicherlich die Würde jeder menschlichen Person, die Achtung ihrer unverletzlichen und unveräußerlichen Rechte sowie die Übernahme des Gemeinwohls als Ziel und regelndes Kriterium für das politische Leben. Grundlage dieser Werte können nicht vorläufige und wechselnde Meinungs-Mehrheiten sein, sondern nur die Anerkennung objektiver sittlicher Werte. Ohne eine objektive sittliche Verankerung kann auch die Demokratie keinen stabilen Frieden festigen.

Im Hinblick auf die Zukunft der Gesellschaft und die Entwicklung einer gesunden Demokratie ist es daher dringend notwendig, das Vorhandensein wesentlicher, angestammter menschlicher und sittlicher Werte wiederzuentdecken, die der Wahrheit des Menschen im Sein selbst entspringen und die Würde der Personen zum Ausdruck bringen und schützen: Werte also, die kein Individuum, keine Mehrheit und kein Staat je werden hervorbringen, verändern oder zerstören können, sondern die sie nur anerkennen, achten und fördern werden müssen.

Jedoch kann in keinem Lebensbereich das staatliche Gesetz das Gewissen ersetzen, noch kann es Normen über das vorschreiben, was über seine Zuständigkeit hinausgeht, die darin besteht, das Gemeinwohl der Menschen durch die Anerkennung und den Schutz ihrer Grundrechte, durch die Förderung des Friedens und der öffentlichen Sittlichkeit sicherzustellen. Eben deshalb muss das staatliche Gesetz für alle Mitglieder der Gesellschaft die Achtung einiger Grundrechte sicherstellen, die dem Menschen als Person eigen sind und die jedes positive Gesetz anerkennen und garantieren muss. Erstes und grundlegendes aller Rechte ist das unverletzliche Recht auf Leben eines jeden unschuldigen Menschen.

Die Gesetze, die Abtreibung und Euthanasie zulassen und begünstigen, stellen sich also nicht nur radikal gegen das Gut des Einzelnen, sondern auch gegen das Gemeinwohl, und sind daher ganz und gar ohne glaubwürdige Rechtsgültigkeit. Tatsächlich ist es die Nicht-Anerkennung des Rechtes auf Leben, die sich, gerade weil sie zur Tötung des Menschen führt, in dessen Dienst zu stehen die Gesellschaft ja den Grund ihres Bestehens hat, am frontalsten und irreparabel der Möglichkeit einer Verwirklichung des Gemeinwohls entgegenstellt.

Abtreibung und Euthanasie sind also Verbrechen; diese für rechtmäßig zu erklären, kann sich kein menschliches Gesetz anmaßen. Gesetze dieser Art rufen nicht nur keine Verpflichtung für das Gewissen hervor, sondern erheben vielmehr die schwere und klare Verpflichtung, sich ihnen mit Hilfe des Einspruchs aus Gewissensgründen zu widersetzen. […]

Wir wollen ein Volk des Lebens (nicht des Todes), ein Volk des Lebens für das Leben sein! Angesichts der Selbstverständlichkeit, mit der unsere Gesellschaft sich an das Unrecht der Abtreibung gewöhnt hat, dürfen wir nicht in lähmende Lethargie verfallen. Gegenüber den lebensfeindlichen Tendenzen der modernen Kultur bedarf es geduldiger und hartnäckiger Überzeugungsarbeit. Sie beginnt bei uns selbst und muss in unserer eigenen Umgebung Wege für eine neue Einstellung gegenüber dem Leben aufzeigen. Es bedarf aber auch konkreter Hilfen, damit das Recht, leben zu dürfen, kein Privileg der Kinder ist, die von ihren Eltern gewollt sind. Auch diejenigen Kinder haben ein Recht auf Leben, deren Eltern sich während der Schwangerschaft in einer schweren Notlage oder vermeintlich ausweglosen Situation befinden."

Zusammenfassend möchte ich im Rückblick auf diese Zeilen noch sagen, was ich Martin Kolozs, mit dem ich dieses Buch gemeinsam schreibe, geantwortet habe, als er mich danach gefragt hat, ob nicht gerade diese dogmatische Auffassung im konkreten Einzelfall dafür sorgt, dass die Kirche oftmals als weltfremd erscheint und als weniger barmherzig, als sie es von ihren Gläubigen zu sein einfordert: Das Leben ist einmalig und kostbar. Es ist eine Voraussetzung für alles, denn was nicht ist, ist nichts. Die Zukunft der Menschheit hängt entscheidend davon ab, wie das Leben geschützt und begleitet wird. Ansonsten entsteht eine Situation der Gewalt, nicht nur im Mutterleib, sondern auch im Alter. Es ist zwar richtig, dass die individuelle Situation jeweils betrachtet und beurteilt, niemals jedoch verurteilt gehört – denn das letzte Wort spricht Gott –, aber nicht, um eine andere Option als den unbedingten Schutz des menschlichen Lebens anzubieten, sondern um eine realistische Annahme aller Umstände zu ermöglichen und Perspektiven der Hoffnung, der Ermutigung und des Vertrauens aufzuzeigen.

Ähnliches gilt auch im Umgang mit den wiederverheirateten Geschiedenen, in der Frage der „Ehe für alle", für die Forderungen nach einem Ende des Pflichtzölibats bzw. der Priesterweihe von viri probati (= bewährte Männer) als auch der Weihe von Frauen zu Diakoninnen. Jeweils muss die Einzelsituation gewissenhaft beurteilt werden, aber ohne ein leichtfertiges Abrücken von der christlichen Glaubenslehre. In manchen Fällen, etwa bei häuslicher Gewalt, erhöhtem

Bei einer Wallfahrt mit Kardinal Joseph Ratzinger im Sommer 2004

Priestermangel usw., wird man vielleicht eine Ausnahme machen oder eine Neuregelung finden müssen, in anderen Punkten muss die Kirche sich selbst aber noch klarer darüber werden, was der Wille Gottes ist, und daran festhalten, was der Heilige Geist ihr letztlich eingibt. Dabei werden wir auf Widerstand und Ablehnung stoßen, welche aber auszuhalten sind, da es Werte und Gewissheiten in unserem Glauben gibt, die unter keinen Umständen aufzugeben sind und immer wieder im persönlichen Zeugnis bekräftigt werden müssen.

Als ich 2007 etwa eine Landesauszeichnung von Salzburg erhalten sollte, hatte ich die Gelegenheit, meinen Standpunkt, welcher auch Standpunkt der römisch-katholischen Kirche und ihrer Gläubigen ist, zum Thema „Schutz des

Sommerkonferenz der österreichischen Bischöfe in Mariazell, Juni 2009

1. Reihe von links: P. Karl Schauer, Superior von Mariazell, Weihbischof Anton Leichtfried (St. Pölten), Diözesanbischof Paul Iby (Eisenstadt), Diözesanbischof Ludwig Schwarz (Linz), Kardinal Christoph Schönborn (Wien), Diözesanbischof Egon Kapellari (Graz-Seckau), Erzbischof Alois Kothgasser (Salzburg), Diözesanbischof Klaus Küng (St. Pölten), Weihbischof Andreas Laun (Salzburg)
2. Reihe von links: Weihbischof Stephan Turnovszky (Wien), Diözesanbischof Manfred Scheuer (Innsbruck), Militärbischof Christian Werner, Weihbischof Franz Lackner (Graz-Seckau), Diözesanbischof Alois Schwarz (Klagenfurt), Weihbischof Franz Scharl (Wien), Abt Anselm van der Linde (Kloster Mehrerau), Diözesanbischof Elmar Fischer (Feldkirch), Ägidius Zsifkovics (Generalsekretär der BiKo)

Lebens" zu verteidigen, indem ich die Ehrung zu meinem siebzigsten Geburtstag ablehnte mit der Begründung, dass sich die damalige Landeshauptfrau Gabi Burgstaller (geb. 1963) dafür eingesetzt hat, Abtreibungsambulanzen an den Salzburger Landeskliniken einzurichten; ein Umstand, der für mich einen direkten Anschlag auf die Würde und Unantastbarkeit des Lebens darstellte.[20]

Der Konflikt wurde über die Medien öffentlich und eine breite Diskussion startete zu Fragen grundsätzlicher Natur: Wie gehen wir mit dem Leben um? Was fehlt Menschen an Sicherheit und Vertrauen, die in einem Schwangerschaftsabbruch die Lösung ihrer Probleme erkennen? Was können wir als Gesellschaft und Kirche tun, um Frauen bzw. Familien in solch einer Notlage zu unterstützen? – In dieser Sorge für das Leben hat der ehemalige Salzburger Weihbischof Dr. Andreas Laun OSFS (geb. 1942) seine ganze Kraft stets und unermüdlich auch im öffentlichen Leben eingesetzt und war mir darin ein treuer Mitstreiter.

Meine Initiative „Forum für das Leben", deren erklärtes Ziel es war, das menschliche Leben von seinen Anfängen im Mutterleib bis zu seinem natürlichen Ende zu schützen, leistete Hilfe dieser besonderen Art, etwa durch die Einrichtung eines Fonds für schwangere Frauen, den Bau eines Mutter-Kind-Hauses und die Durchführung einer „Woche für das

---

20 Die Auseinandersetzung in der Abtreibungsfrage zwischen Erzbischof Alois Kothgasser und LH Gabi Burgstaller hatte ihren Anfang bereits 2005 genommen. Damals wurde auf Initiative von Frau Burgstaller eine Spezialambulanz für Abtreibungen an den Salzburger Landeskliniken errichtet, worauf ihr der Erzbischof von Salzburg in einem Brief seine Bedenken aus Gewissensgründen mitteilte. Der Konflikt 2007 stellt somit eine Zuspitzung dieser gegensätzlichen Positionen dar. Zwei persönliche Gespräche vermochten die Lage nicht zu entschärfen.

Leben", welche von Salzburg ausgehend schon in fast allen Diözesen Österreichs abgehalten wird und Bewusstsein wie Hoffnung und Mut schafft.

In meinen elf Jahren als Erzbischof von Salzburg durfte ich sehr viel Schönes, musste aber leider auch manches Schlechte erleben. Zutiefst betroffen gemacht und geschockt hat mich zum Beispiel der sexuelle Missbrauch durch kirchliche Mitarbeiter und das dadurch entstandene Leid, welches mit keiner Schmerzensgeldzahlung an die Betroffenen je wieder gut gemacht werden kann. Ich bedaure jeden einzelnen Fall und bete für Opfer wie Täter, dass sie Heil und Vergebung finden, und für meine Kirche, dass sie diese schwere Sünde büßt und tilgen kann.

Dankbar bin ich für die zahlreichen Begegnungen, die fruchtbaren Gespräche und die große Unterstützung, die ich durchwegs erfahren durfte, bei all meinen Vorhaben. Dankbar für meinen Dienst als Erzbischof und Metropolit der Kirchenprovinz Salzburg kann ich vor allem auch deswegen sein, weil ich Menschen um mich hatte, die zu mir standen, die mitarbeiteten und begeistert waren vom Wort Jesu und der Botschaft des christlichen Glaubens. Diesen zu verkünden, zu verteidigen und lebendig zu halten, habe ich mich bemüht.

Im April 2012 reichte ich meinen Rücktritt zu meinem fünfundsiebzigsten Geburtstag bei Papst Benedikt XVI. (= Joseph Ratzinger, geb. 1927) ein mit der Bitte, von einer Verlängerung meines Hirtendienstes abzusehen, da mich die Anstrengungen der vergangenen Jahre erschöpft hatten. Aber durch den unerwarteten Amtsverzicht des Heiligen Vaters im Februar 2013 verschob sich die Anerkennung meiner Einreichung bis zum 4. November 2013, als Papst Franziskus

Zusammentreffen mit Papst Franziskus im Jahr 2013

(= Jorge Mario Bergoglio SJ, geb. 1936) meinen Rücktritt zwar bestätigte, mich aber gleichzeitig zum Apostolischen Administrator der Erzdiözese Salzburg ernannte, bis mein Nachfolger gefunden wurde. So blieb ich ein weiteres Jahr und tat, was ich tun konnte, zwar mit etwas weniger Verantwortung auf den Schultern, aber mit nicht weniger fröhlichem Einsatz für die Menschen der Erzdiözese und darüber hinaus.

Als Dr. Franz Lackner OFM (geb. 1956) am 18. November 2013 zum Erzbischof offiziell ernannt wurde, war ich froh und einverstanden mit der Wahl; ich kannte ihn ja bereits von Exerzitien und aus vielen Begegnungen in der Österreichischen Bischofskonferenz, der er als Weihbischof von Graz-Seckau elf Jahre schon angehört hatte, und hielt darum große Stücke auf ihn.

Am 29. Dezember 2013 feierte ich im Dom zu Salzburg noch einen Verabschiedungsgottesdienst, bevor ich am 12. Januar 2014 meinen Bischofsstab und damit mein Amt an meinen Nachfolger übergab.[21] – Ab diesem Moment war ich ein Bischof auf Herbergssuche, fand aber bald Beheimatung bei den Don Bosco Schwestern in Baumkirchen in Tirol, von wo aus ich als „Wanderbischof" – wie in urchristlichen Zeiten – vielfache Aushilfe im Hirtendienst leisten kann.

***

---

21 Die kanonische Amtsübergabe (= Inbesitznahme der Erzdiözese Salzburg) erfolgte bereits am 7. Januar 2014.

Was die anderen sagen

Maximilian Aichern OSB, Altbischof der Diözese Linz

Ich habe Erzbischof Alois Kothgasser bei den Sitzungen der Bischofskonferenz und bei vielen Veranstaltungen als freundlichen, eher stillen und immer überlegten Mitbruder erlebt. Charakteristisch für ihn ist, dass er Entscheidungen gut überlegt, manchmal auch zuwartet, dass er gut zuhören kann, immer sensibel für Fragen ist und allen Menschen auf Augenhöhe begegnet. Er sieht vor allem das Gute im Mitmenschen und kann sich kaum vorstellen, dass es auch Negatives wie Täuschungen gibt. Beeindruckt hat mich ein Ausspruch von ihm bei anstehenden Problemen: „Die Sache gehört auf den Tisch, nicht unter den Tisch." Er ist ein guter Hirte im besten Sinne des Wortes, der Gott und die Menschen einander näherbringt. Ich halte ihn für einen echten Kommunikator Gottes, der die Anliegen von Himmel und Erde verbindet. Als Seelsorger ist er sehr offen für Leute, die kirchlich gesehen in Schwierigkeiten stecken, wie etwa die wiederverheirateten Geschiedenen. Er plädiert für eine Theologie des Scheiterns, der Barmherzigkeit und der Gerechtigkeit.

Hansjörg Hofer, Weihbischof der Erzdiözese Salzburg

Erzbischof Alois Kothgasser ist die Menschenfreundlichkeit in Person. Er versteht es, offen und ohne Vorbehalte auf die Menschen zuzugehen, sie anzusprechen und ihr Herz zu gewinnen. Da er eine in sich ruhende Persönlichkeit ist, ist er absolut vertrauenswürdig. Er sucht nicht die Konfrontation, sondern immer den Ausgleich, den Kompromiss, das Verbindende. Bei Konflikten versucht er stets, die Konfliktparteien an einen Tisch zu bringen und einen gangbaren Weg miteinander zu suchen und zu finden. Er ist kein Mann oder Bischof von voreiligen Entscheidungen und Beschlüssen, sondern immer konsensorientiert und darum bemüht, niemandem „wehzutun".

Als Mensch ist er einfach, bescheiden, völlig unkompliziert, ein Mann des Volkes; als Priester und Ordensmann völlig integer, überzeugend, lauter und durchsichtig; als hoher kirchlicher Würdenträger authentisch, stimmig, nicht abgehoben, klar und zugänglich. Zudem hat er einen feinen Humor und manchmal den Schalk im Nacken sitzen. Als er zum Beispiel vor den Portraits seiner Vorgänger in Salzburg stand, sagte er schmunzelnd: „Einige von diesen Erzbischöfen waren heilig. Andere waren heiligmäßig, und wieder andere mäßig heilig."

Erzbischof Alois Kothgasser war und ist ein Bischof zum Angreifen, ein Volksbischof; ein Mann Gottes, ein Mann der Kirche und ein Freund der Menschen. Er wurde und wird von seinen Mitbrüdern sehr geschätzt. Sein Wort hatte in der Bischofskonferenz großes Gewicht; es wurde immer gehört und geachtet. Auch bei den politisch und öffentlich Verantwortlichen genoss er hohes Ansehen, ebenso für sein großes und weites Herz als auch für seine Entschiedenheit in wichtigen Dingen.

Josef Lidicky, Finanzkammerdirektor a. D.

Das intensive mediale Geplänkel um die Nachfolge des sehr beliebten Bischofs von Innsbruck Reinhold Stecher hat so manchen Zeitgenossen, wie auch mich, in der Nachbardiözese Salzburg damals neugierig gemacht. Sollte doch – so war es weithin vernehmbarer Wunsch in Tirol – ein Tiroler zum Bischof von Innsbruck berufen werden. Groß war daher die Überraschung, dass die Entscheidung des Papstes auf den Steirer und Ordensmann Alois Kothgasser fiel. Wer ihn jedoch kennt, kann leicht verstehen, dass ihn die Bevölkerung der Tiroler Diözese bald ins Herz geschlossen hat.

Für Salzburg war es später ein Glück, dass Alois Kothgasser die Wahl des Domkapitels zum Erzbischof von Salzburg angenommen hat, wenngleich sich in der Diözese Innsbruck natürlich Wehmut eingestellt hatte. Alois Kothgasser hatte jedoch die passenden Worte des Trostes, indem es sagte, dass er nun Bischof für alle Tiroler und Tirolerinnen geworden ist.

Erzbischof Alois Kothgasser ist ein Mensch großer Bescheidenheit, einfach und unkompliziert, dankbar auch für die kleinen Dinge menschlicher Begegnung und Zuwendung. Er hat fühlbar mitgelitten und Anteil genommen am Leid und Schicksal betroffener Menschen. Dabei zeigte sich eines seiner besonderen Charismen: Er ist ein aufmerksamer Zuhörer. Besonders geliebt hat er das Gespräch mit älteren Menschen, da er ihr Erzählen aus dem Leben immer als einen Schatz reicher Erfahrung verstanden hat.

Seinem Wesen nach war Erzbischof Alois Kothgasser ein harmoniebedürftiger Mensch. Konflikte im beruflichen Alltag mussten angegangen werden.

Die Fülle seiner Arbeit in der Erzdiözese Salzburg wurde angereichert durch die vielen Aufgaben in der Bischofskonferenz. Das Wort von Alois Kothgasser hatte dort Gewicht. Sein Auftreten auf dieser Ebene hat immer Autorität, Ruhe und verbindende Verantwortung ausgestrahlt.

Erzbischof Alois hat nach Vollendung des 75. Lebensjahres die Annahme seines Rücktritts herbeigesehnt, wohl auch gezeichnet von der drückenden Last der Verantwortung und des beinahe unmenschlichen Einsatzes.

Allgemein lässt sich über ihn sagen: Vertrauen, Loyalität, Ermutigung, Respekt, Dankbarkeit und Freundschaft haben sich die Hand gegeben.

Clemens Sedmak, Philosoph und Theologe

Zum Zeitpunkt seines Amtsantritts im Jahr 2003 war die Kirche Salzburgs durchaus auch durch Verletzungen und Verwundungen, Ängste und Misstrauen belastet. In dieses Klima hinein sprach Erzbischof Alois Kothgasser in seiner Predigt anlässlich seiner Amtseinführung das Wort von der „Gesprächsbereitschaft". Er charakterisierte den Geist des Konzils als Geist der Gesprächsbereitschaft. Diese Einladung, mit allen den Dialog zu suchen und niemandem die Begegnung zu verwehren, ging wie eine Befreiung durch die Kirche von Salzburg.

Erzbischof Alois Kothgasser hat die Seele Salzburgs erneuert — durch das, was ich mit „leiser Güte für Salzburg" beschreiben will.

„Leise" meint: behutsam, zurückhaltend, Raum gebend. Ich habe Erzbischof Alois Kothgasser in vielen Sitzungen und Gesprächen erlebt, begnadet mit der Gabe des Zuhörens.

Was heißt „Güte"? Sie ist eine Grundhaltung, die am Wohl des anderen interessiert ist und den anderen als je besonderen anderen respektiert. Immer wieder habe ich erlebt, wie Erzbischof Alois Kothgasser Dinge zulässt, Menschen gewähren lässt, Raum zum Blühen und Wachsen schenkt. Er ist ein gütiger Mann, der Räume für je Eigenes öffnet. Solche Güte ist kostbar und selten.

Was meint nun aber „für Salzburg"? Erzbischof Alois Kothgasser hat die Seele Salzburgs erneuert und eine spirituelle Infrastruktur für Salzburg geprägt. Ich erinnere an die Gründung der „Salzburg Ethik Initiative" im Jahr 2006, einer Kooperation zwischen Kirche, Wissenschaft und Wirtschaft; ich erinnere an seine Silvesteransprache im Jahr 2008 auf dem Höhepunkt der Finanzkrise, als er mit klaren Worten von der Gefahr der „avaritia" [= Habsucht/-gier] und der Notwenigkeit eines Umdenkens gesprochen hat; ich erinnere an den bemerkenswerten Auftritt von Erzbischof Alois Kothgasser im November 2009 im Wirtschaftsparlament. Auf solche Weise verrichtete er sein seelsorgerisches Wirken als „Dienst für Salzburg".

Ich komme zum Schluss: Erzbischof Alois Kothgasser hat mit leiser Güte die Seele Salzburgs erneuert. Sein Wahlspruch lautet: „Die Wahrheit in Liebe tun"; das betont das Miteinander und Gemeinsame. Erzbischof Alois Kothgasser bekennt sich in seinem Wirken zu den vielen Quellen der Wahrheit und zu einem Prinzip des Dialogs, der stets offen ist für Antwort und Erwiderung. Ich habe nie erlebt, dass Erzbischof Alois Kothgasser auf den Tisch geschlagen und eine Diskussion kraft seines Amtes für beendet erklärt habe.

Ich darf die Vermutung anschließen, dass die Schnittmenge derjenigen, die Erzbischof Alois Kothgasser kennen, lieben und ehren, nahezu vollkommen ist.[22]

Otmar Stefan, ehemaliger Sekretär

Erzbischof Alois Kothgasser ist jemand, bei dem man eine tiefe Einfachheit hinsichtlich der vielschichtigen Berufung als Or-

---

22 Auszug aus der Laudatio „Leise Güte für Salzburg" anlässlich der Verleihung des Wolfgang-Schüssel-Preises durch die International Salzburg Association am 3. August 2011.

densmann, Priester und Bischof spürt; hier ist nichts gespielt, nichts aufgesetzt, er ist und war immer authentisch. Besonders auffallend ist dabei seine Bescheidenheit, seine besondere Art der Dankbarkeit.

Augenscheinlich war seine innere Ruhe, die er stets ausstrahlte. Nervosität und Hektik waren ihm fremd, er ruhte im wahrsten Sinne des Wortes in sich; wohl auch eine Frucht seines persönlichen Glaubens, seines starken Verankert-Seins in einer lebendigen Gottesbeziehung.

8.

Baumkirchen

Grundsätzlich wollte ich nicht an dem Ort bleiben, wo ich als letztes gewirkt hatte, um meinem Nachfolger alle Freiheiten zu lassen. Dennoch war es mir wichtig, in der Nähe zu sein, um aushelfen zu können, wenn man mich braucht. Außerdem gefiel mir der Gedanke, an der Grenze zwischen den Diözesen Innsbruck und Salzburg zu leben und meinem seelsorgerischen Dienst sowohl westlich als auch östlich des Zillertals nachzukommen bzw. ihn fortzusetzen.[23] Mit Baumkirchen verbindet mich darüber hinaus eine lange gemeinsame Geschichte. Schon in den 1970er-Jahren hielt ich hier Einkehrtage und Exerzitien ab und hatte so Gelegenheit, die verschiedenen Entwicklungsstufen des Hauses mitzuerleben: Die Töchter Mariä, Hilfe der Christen (= Don Bosco Schwestern) hatten den Ansitz der Grafen von Galen[24] im Jahr 1959 erworben, um dort ihr Noviziat zu errichten. Bald danach kamen ein Kindergarten und der Betrieb als Exerzitienhaus dazu, worauf mehrere Erweiterungen und Umbauten folgten sowie eine größere Sanierungsphase

---

23 Das Zillertal ist die diözesane Grenze zwischen Innsbruck und Salzburg. Damit gehört der Nordosten Tirols zur Erzdiözese Salzburg; vgl. M. Kolozs, Die Bischöfe von Innsbruck, S. 9f.

24 Verwandte des seligen Clemens August Kardinal Graf von Galen (1878–1946), Bischof von Münster, dessen Reliquienteile im Ambo der Hauskapelle „Heiligste Dreifaltigkeit" von Schloss Wohlgemutsheim aufbewahrt werden.

zwischen 2010 und 2014. Also genau zu der Zeit, als ich als Erzbischof von Salzburg emeritierte und nach einer neuen Wohnstatt suchte.

Als Ordensmann, der ich immer war und bin, besaß ich keine eigenen Möbel, um die Wohnung, welche mir auf Schloss Wohlgemutsheim zur Verfügung gestellt wurde, einzurichten. Daher fragte ich in Salzburg bei den entsprechenden Stellen nach und wurde auf den weitläufigen Dachböden der Erzdiözese fündig. Und so kam mit dem Mobiliar eines meiner Vorgänger im Bischofsamt auch ein Stück der Erzdiözese Salzburg mit nach Baumkirchen, wo es mir täglich Freude bereitet, denn das zweihundert Jahre alte Zirbelholz duftet gleich wie die Zimmermannswerkstatt meines Großvaters.

Glücklich macht mich hier auch die unmittelbare Nähe zur Natur und zu den Bergen, die ich in jüngeren Jahren oft mit Freunden bestieg und die ich heute von meinem Platz am Fenster aus sehe, wo ich die Stundengebete spreche.

Im Garten hinter dem Haus, wo ich meine Spaziergänge mache, wachsen zwei Bäume, die mir bei meinem Einzug geschenkt wurden; eine Zeder aus dem Libanon und ein Birnbaum. Beide haben in der Erde von Baumkirchen Wurzeln geschlagen wie auch ich, denn besser hätte ich es woanders nicht haben können.

Neben meinen verschiedenen Aushilfsdiensten in den Nachbargemeinden bin ich auch als geistlicher Begleiter für das Haus und die Notburga-Gemeinschaft tätig, stehe für Beichtgespräche für Priester zur Verfügung, halte Exerzitien und Vorträge und reise, wohin man mich ruft. Kurz: Ich möchte bei den Menschen sein. Denn als Salesianer ist es mir unmöglich, zu privatisieren.

Solange ich jedenfalls aktiv sein kann, werde ich in Baumkirchen bleiben. Danach wird es eine Absprache mit der Erzdiözese Salzburg geben, und wenn alles wie geplant verläuft, werde ich später in der Domkrypta beigesetzt werden.

Angst vor dem Tod habe ich keine, da wir Christen das Eigentliche ja noch vor uns haben: das Geheimnis Gottes. Darauf bin ich schon seit jeher gespannt und ich meine, dass unser ganzes Leben dazu dient, in dieser Neugier, Sehnsucht und Hoffnung zu wachsen.

Am Ende möchte ich so in Gottes Hände fallen, wie ich bin. Und ich glaube fest daran, dass Er uns immer aufnimmt, wie wir alle sind.

Nachwort
(Martin Kolozs)

Dieses Buch ist eine Gemeinschaftsarbeit im besten Sinne des Wortes.

Persönlich kennengelernt haben Erzbischof Alois Kothgasser und ich uns im Rahmen der Vorbereitungen zu einer anderen Publikation, für die er mir im Herbst 2017 ein Interview gab; wegen seines Hirtendienstes in Innsbruck (1997–2003) und in Salzburg (2003-2013) schätzte ich ihn bereits früher.

Im Anschluss an dieses Gespräch trat ich Ende 2018 mit der Bitte an ihn heran, seine Biografie schreiben zu dürfen, und nachdem er sich eine Bedenkzeit genommen hatte, kam nach einigen Wochen die Zustimmung für die Zusammenarbeit.

Darauf ging alles Schlag auf Schlag: Ein Verlag wurde gesucht und gefunden, ein Vertrag aufgesetzt und unterschrieben, Treffen vorgeschlagen und eingeplant, Gespräche geführt, Schreiben verschickt und Anfragen allerorts gestellt und beantwortet.

Rund anderthalb Jahre später liegt nun das Ergebnis dieser Bemühungen vor.

Aber für mich ist es mehr als das. Für mich ist es auch der Vertrauensbeweis eines Menschen an einen anderen, indem er ihm über sein Leben erzählt und Einblicke gibt in seine Gedanken und Gefühle, seine Wünsche und Ängste, alles, was ihn ausmacht, geprägt und geformt hat, Gutes wie Schlechtes, Schönes wie Trauriges.

Deswegen werden mir die Tage und Wochen unserer Treffen auch in Erinnerung bleiben als das, was sie waren: herzliche Begegnungen, freundschaftliche Gespräche und ein offener, vertrauensvoller Austausch.

Ob dabei alles korrekt erinnert bzw. historisch genau wiedergegeben werden konnte, ist hierbei nicht die Frage, sondern ob das Menschenbild gelungen ist, soll heißen, ob Alois Kothgasser das Kind, der Jugendliche, der Gymnasiast, der Novize, der Kleriker, der Neupriester, der Dogmatiker, der Professor, der Bischof und Erzbischof salesianischer Prägung durch das hier geschriebene Wort lebendig geworden ist und glaubwürdig erscheint.

Nach meiner Wahrnehmung ist Alois Kothgasser ein einfacher, aber kein simpler Mensch; zwar demütig, aber nicht unterwürfig; bescheiden, aber nicht asketisch; zurückhaltend, aber nicht mutlos; höflich, aber nicht ohne Ecken und Kanten. Und als Bischof von Innsbruck bzw. Erzbischof und Metropolit der Kirchenprovinz Salzburg würde ich sagen, wirkte er nicht theologisch, sondern kairologisch, sprich: lösungsorientiert und menschennah.

In den meisten Fällen ist der Eindruck eines Menschen auf einen anderen entweder bleibend oder flüchtig wie eine Berührung im Vorbeigehen. Auf Erzbischof Alois Kothgasser trifft gewissermaßen jedoch beides zu: Er ist unaufdringlich und überwältigend, zurückhaltend und fordernd, leise und eindringlich. Er ist für jeden persönlich und für alle gemeinsam da, ist im Ruhestand und stets aktiv, ist da und dort und ständig unterwegs, wo er Exerzitien hält, Aushilfsdienste leistet und Pfarrbesuche unternimmt.

Während unserer Gespräche klingelten entweder das Telefon oder die Türglocke; sein Terminkalender ist vollgeschrieben und sein Gedächtnis ist phänomenal, wenn es um Namen, Daten oder andere Details geht, egal ob die

Geschehnisse nun kurz oder lang oder gar schon ein Menschenleben zurückliegen.

Für mich beeindruckend war und ist die Selbstverständlichkeit, mit welcher Erzbischof Alois Kothgasser all seinen Aufgaben nachkommt. Nie gibt es ein Murren über die Störung, sondern immer nur Verständnis für das Anliegen; nie den Versuch, jemanden abzuwimmeln, sondern immer das Versprechen, sich Zeit zu nehmen; nie eine leere Phrase, sondern immer ein Wort, das hält.

Persönlich durfte ich von ihm lernen, was es heißt, Mensch und Christ zu sein ohne Übertreibung, aber aus Überzeugung.

Abschließend möchte ich mich noch bei mehreren Personen und Institutionen bedanken, ohne die dieses Buch in dieser Form nicht möglich gewesen wäre: Erzbischof Franz Lackner OFM (Salzburg) und Diözesanbischof Hermann Glettler (Innsbruck) für die finanzielle Unterstützung meiner Recherche- und Schreibarbeit; Edith Frasch, Weihbischof Hansjörg Hofer, Ernst Jäger, Josef Lidicky, Stefan Otmar, Clemens Sedmak, Hermann Steidl und Herwig van Staa für die Bereitschaft, ihre Erinnerungen mit mir zu teilen; der Pfarre St. Stefan im Rosental und dem Diözesanarchiv Graz-Seckau für die Hilfe bei meinen Nachforschungen; der Gemeinschaft der Don Bosco Schwestern in Baumkirchen, wo ich während meiner Treffen mit dem Alt-Erzbischof bestens umsorgt und untergebracht war. Vor allem aber gilt mein herzlicher und aufrichtiger Dank Dr. Alois Kothgasser, der mir nicht nur seine Zeit, sondern vor allem sein Vertrauen geschenkt hat, indem er mir offen und in allen Facetten von seinem Leben erzählte, während wir uns ganz nebenbei und wie selbstverständlich angefreundet haben: Verbunden in Christo Salvatore!

Anhang

Lebenslauf von Alois Kothgasser

29. Mai 1937	Geboren in Lichtenegg/Marktgemeinde St. Stefan im Rosental (Steiermark) als drittes von sieben Kindern (zwei Kindstode) von Josef Kothgasser (1903–1974) und Aloisia, geborene Krisper (1906–1980)
30. Mai 1937	Taufe in der Pfarrkirche St. Stefan
1942	Früh- bzw. Erstkommunion (das genaue Datum wurde laut Auskunft des Ordinariates der Diözese Graz-Seckau in der Pfarrchronik von St. Stefan im Rosental nicht vermerkt)
1943–1951	Besuch der achtjährigen Volksschule
25. Mai 1947	Firmung im Dom zu Graz durch Erzbischof und Generalabt der Mechitaristen Mesrop Habozian (1887–1975)
1951–1957	Aufbaugymnasium der Salesianer in Unterwaltersdorf (Niederösterreich)
16. August 1955	Ablegen der ersten Ordensgelübde (Salesianer Don Boscos, SDB)
7. Juni 1957	Reifeprüfung mit Auszeichnung
1957–1960	Erziehungspraktikum in Unterwaltersdorf und Klagenfurt (Kärnten)
16. August 1958	Ablegen der ewigen Profess (am Geburtstag des Ordensgründers Don Giovanni Bosco)
1960–1965	Studium der Theologie an der Salesianischen Internationalen Hochschule Crocetta in Turin
9. Februar 1964	Priesterweihe in der Maria-Hilf-Basilika von Turin durch Bischof Giuseppe Cognata SDB (1885–1972)
10. Februar 1964	Erste heilige Messe in der Pinardi Kapelle, Maria-Hilf-Basilika, Turin
20. Juni 1964	Erwerb des Lizenziats (= Lehrerlaubnis) mit

der Arbeit: „Fortschritt im Glauben nach Hugo von St. Viktor und Anselm von Havelberg – Ein Beitrag zur Theorie der Dogmenentwicklung in der Frühscholastik"

12. Juli 1964	Heimatprimiz in der Pfarre St. Stefan im Rosental
1965–1968	Doktoratsstudium am Pontificio Ateneo Salesiano (seit 1973: Università Pontificia Salesiana, UPS) in Rom
10. Oktober 1968	Promotion im Fach Dogmatik mit der circa 800-seitigen Dissertation „Dogmenentwicklung und die Funktion des Geist-Parakleten nach den Aussagen des II. Vatikanischen Konzils" (Kurztitel: Über den heiligen Geist)
1968–1980	Assistenzprofessor bzw. a. o. Professor für Dogmatik an der UPS in Rom und an der Philosophisch-Theologischen Hochschule Benediktbeuern (Bayern) sowie Gastprofessor für zwei Semester an der Salesianischen Hochschule Cremisan bei Bethlehem (heute: in Ratisbonne, Jerusalem)
1980–1997	Professor für Dogmatik an der PTH Benediktbeuern; hohe wissenschaftliche Publikationstätigkeit und Mitarbeit in der Arbeitsgemeinschaft deutscher Dogmatiker und der Deutschen Arbeitsgemeinschaft für Mariologie
1981–1982 bzw. 1988–1994	Prorektor der PTH Benediktbeuern
1982–1988 bzw. 1994–1997	Rektor der PTH Benediktbeuern
10. Oktober 1997	Ernennung durch Papst Johannes Paul II. zum Diözesanbischof von Innsbruck
23. November 1997	Bischofsweihe im Dom zu St. Jakob in Innsbruck durch Amtsvorgänger Bischof Reinhold Stecher und die Mitkonsekratoren Bischof

Johann Weber (Graz-Seckau) und Bischof Wilhelm Egger (Bozen-Brixen) sowie unter Anwesenheit des Apostolischen Nuntius in Österreich Erzbischof Donato Squicciarini

23. November 2002	Wahl zum Erzbischof von Salzburg durch das Domkapitel
27. November 2002	Bestätigung durch Papst Johannes Paul II.
10. Januar 2003	Kanonische Amtsübernahme (= Inbesitznahme) der Erzdiözese Salzburg von Vorgänger Erzbischof Georg Eder
19. Januar 2003	Amtseinführung im Dom der hll. Rupert und Virgil zu Salzburg
29. Juni 2003	Überreichung des Palliums als Zeichen der Metropolitenwürde (= der Erzbischof von Salzburg steht an der Spitze der westösterreichischen Kirchenprovinz mit Feldkirch, Innsbruck, Salzburg, Gurk-Klagenfurt, Graz-Seckau) in Rom durch Papst Johannes Paul II.
4. November 2013	Altersbedingter Rücktritt und Annahme durch Papst Franziskus
5. November 2013 bis 7. Januar 2014	Apostolischer Administrator der Erzdiözese Salzburg bis zur Amtsübergabe an Nachfolger Erzbischof Franz Lackner OFM

Lebt seit 16. Januar 2014 bei den Don Bosco Schwestern auf Schloss Wohlgemutsheim in Baumkirchen (Tirol).

Zuständigkeiten (Auswahl)

1. Erzdiözese Salzburg

1.1 Kommissionen und Gremien

- Interkultureller und interreligiöser Dialog
- Weltreligionen
- Liturgischer Dienst

- Missbrauchsfragen
- Ständiger Diakonat

1.2 Protektorate
- Erzbischof Rohracher Studienfonds
- Thomas Michels Studienfonds
- Kardinal König Kunstfonds

1.3 Sonstiges
- Präsident der Salzburger Hochschulwochen
- Präsident des Katholischen Hochschulwerks
- Pro Oriente – Sektion Salzburg
- Salzburg Ethik Initiative
- Forum Neues Leben

2. Österreichische Bischofskonferenz

2.1 Kommissionen
- Glaubenskommission
- Finanzkommission
- Katechetische Kommission

2.2 Referate
- Caritas
- Liturgie
- Priesterseminare
- Theologische Fakultäten und Hochschulen
- Weltreligionen
- Laientheologen

3. Österreichische Ebene

- Nationalpräsident des Andreas-Petrus-Werkes
- Großprior der Ritter vom Heiligen Grab zu Jerusalem
- Bioethik-Gruppe

4. Internationale Ebene

- Mitglied der Kongregation für den Gottesdienst und die Sakramenten-Ordnung
- Mitglied der Päpstlichen Kongregation für die Kulturgüter der Kirche
- Generalpräsident der Catholica Unio Internationalis
- Mitglied der Glaubenskommission der Deutschen Bischofskonferenz
- Mitglied der Theologenkommission der Deutschen Bischofskonferenz für die Theologischen Fakultäten
- Forum Liturgie im deutschen Sprachraum
- Mitglied der Leitungsgruppe zur Revision der Einheitsübersetzung
- Mitglied der Kommission zur Erstellung des neuen Gotteslobs
- Europäische Akademie der Wissenschaften und Künste

Würdigungen (Auswahl)

1998 Ehrenbürger von St. Stefan im Rosental (Steiermark)

1998 Ehrenprofessor der Katholischen Stiftungsfachhochschule in München

2001 Ernennung zum Großprior vom Heiligen Grab von Jerusalem in Österreich

2001 Ehrenzeichen des Landes Tirol

2002 Ehrenbürgerschaft der Marktgemeinde Telfs (Tirol)

2004 Großes Goldenes Ehrenzeichen mit dem Stern des Landes Steiermark

2011 Wolfgang-Schüssel-Preis der International Salzburg Association

2013 Ring der Stadt Salzburg

2013 Großkreuz des Ehrenzeichens des Landes Salzburg

2013 Erzbischof-Rohracher-Ehrenpreis

2015 Ehrenmitglied der Stiftung Pro Oriente

2016 Stiftung des Erzbischof-Alois-Kothgasser-Preises durch die Erzdiözese Salzburg

2017 Goldene Palme von Jerusalem
2017 Ehrengroßprior der österreichischen Statthalterei des Ritterordens vom Heiligen Grab zu Jerusalem
2018 Verdienstkreuz der Diözese Žilina (Slowakei)

Verwendete bzw. weiterführende Literatur

Bosco, Teresio: *Don Bosco – Priester und Erzieher*, München 2012

Dissertori, Alois: *Die Auswanderung der Deferegger Protestanten 1666– 1725*, Innsbruck 2008 (= Schlern-Schriften 235), 3. Auflage

Egger-Wenzel, Renate (Hrsg.): *Geist und Feuer – Festschrift anlässlich des 70. Geburtstages von Erzbischof Dr. Alois M. Kothgasser SDB*, Innsbruck 2007

Gesing, Reinhard (Hrsg.): *Vernunft, Religion und Liebenswürdigkeit – Don Boscos Pädagogik der Vorsorge damals und heute*, München 2013

Gesing, Reinhard (Hrsg.): *Mit der Liebe! – Der Rombrief Don Boscos und seine Bedeutung für die Pädagogik und Jugendpastoral heute*, München 2009

Kolozs, Martin: *Die Bischöfe von Innsbruck* [Alois Kothgasser SDB, S. 67–84], Innsbruck 2018

Kolozs, Martin: *Bischof Reinhold Stecher – Leben und Werk*, Wien 2015, 2. Auflage

Kolozs, Martin: *Karl Rahner – Innsbrucker Jahre*, Innsbruck 2014

Kothgasser, Alois/Auer, Konstantia (Hrsg.): *Mut zum Dienen – Kaplan Penz und die Notburga-Gemeinschaft*, Innsbruck 2018

Kothgasser, Alois/Böhm, Thomas/Stocker, Franz (Hrsg.): *Die Wahrheit in Liebe tun. Im Glauben unterwegs*, Innsbruck 1998

Kothgasser, Alois: *Der Geist Don Boscos als Erbe und Auftrag*, München 1981

Mitterecker, Thomas/Vavrovsky, Hans-Walter (Hrsg.): *Für Gott und die Menschen – Alois Kothgasser, Erzbischof von Salzburg*, Salzburg 2012

Nigg, Walter: *Don Bosco – ein zeitloser Heiliger*, München 1987, 4. Auflage

Papst Franziskus: *Nachsynodales Apostolisches Schreiben: Christus vivit. An die jungen Menschen und an das ganze Volk Gottes*, 25. März 2019 (= Verlautbarungen des Apostolischen Stuhls, Nr. 218; Hrsg.: Sekretariat der Deutschen Bischofskonferenz, Bonn)

Papst Johannes Paul II.: *Nachsynodales Apostolisches Schreiben: Pastores Gregis, Der Bischof – Diener des Evangeliums Jesu Christi für die Hoffnung der Welt*, 16. Oktober 2003 (= Verlautbarungen des Apostolischen Stuhls, Nr. 163; Hrsg.: Sekretariat der Deutschen Bischofskonferenz, Bonn)

Papst Johannes Paul II.: *Enzyklika: Ut unum sint. Über den Einsatz für die Ökumene*, 25. Mai 1995 (= Verlautbarungen des Apostolischen Stuhls, Nr. 121; Hrsg.: Sekretariat der Deutschen Bischofskonferenz, Bonn)

Papst Johannes Paul II.: *Enzyklika: Evangelium vitae. Über den Wert und die Unantastbarkeit des menschlichen Lebens*, 25. März 1995 (= Verlautbarungen des Apostolischen Stuhls, Nr. 120; Hrsg.: Sekretariat der Deutschen Bischofskonferenz, Bonn)

Papst Johannes Paul II.: *Apostolisches Schreiben: Ordinatio Sacerdotalis. Über die nur Männern vorbehaltene Priesterweihe*, 22. Mai 1994 (= Verlautbarungen des Apostolischen Stuhls, Nr. 117; Hrsg.: Sekretariat der Deutschen Bischofskonferenz, Bonn)

Papst Pius X.: *Dekret: Quam singulari Christus amore. Über die rechtzeitige Erstkommunion*, 8. August 1910 (= Acta Apostolicae Sedis II, S. 577–583; Palazzo Apostolico – Città del Vaticano)

Pesch, Otto Hermann: *Das Zweite Vatikanische Konzil: Vorgeschichte – Verlauf – Ergebnisse – Wirkungsgeschichte* (= Topos Taschenbuch 393), Kevelaer 2011, 3. Auflage

Rahner, Karl/Vorgrimler, Herbert: *Kleines Konzilskompendium. Sämtliche Texte des Zweiten Vatikanischen Konzils*, Freiburg i. Br. 2008, 35. Auflage

Personenregister

Aichern, Maximilian   129
Aland, Kurt   65
Auer, Konstantia   93, 94

Benedikt XVI. (siehe auch Ratzinger, Joseph)   123, 126
Bergoglio, Jorge Mario (siehe auch Franziskus)   128
Bosco, Giovanni (siehe auch Don Bosco)   23, 29, 141
Burgstaller, Gabi   125

Camilleri, Nazareno   35, 63
Cognata, Giuseppe   36, 39, 141

Don Bosco (siehe auch Bosco, Giovanni)   15, 17, 23, 26, 27, 29–34,
   42, 43, 45, 52, 62, 63, 66, 69, 86, 97, 98, 102, 106, 128, 135, 140,
   141, 143, 146

Ebner, Alois   61
Eder, Georg   96, 105, 143
Egger, Wilhelm   86, 143

Fischer, Elmar   124
Franziskus (siehe auch Bergoglio, Jorge Mario)   126, 127, 143, 147
Frasch, Edith   97, 140
Fries, Heinrich   81
Fugel, Gebhard   25

Galen von, Clemens August   135
Glettler, Hermann   140
Götsch, Johanna   86
Grieb, Gerhard   52

Habozian, Mesrop   141
Hausberger, Peter   105
Hofer, Hansjörg   129, 140
Hrvatič, Martin   23–26, 30, 45, 47, 75

Iby, Paul   124

Jäger, Ernst   99, 140
Johannes Paul I. (siehe auch Luciani, Albino)   66
Johannes Paul II. (siehe auch Wojtiła, Karol)   66–69, 78, 81, 89,
   109, 142, 143, 147

Kapellari, Egon   124
Kasper, Walter   65
König, Franz   53, 79
Kothgasser, Aloisia   11, 12, 14, 141
Kothgasser, Franz   16
Kothgasser, Hans   15, 16, 22
Kothgasser, Josef (Bruder)   15
Kothgasser, Josef (Vater)   11, 12, 14, 141
Kothgasser, Maria (Schwester „Mimi")   15
Kothgasser, Michael   15, 17, 43
Kothgasser-Zach, Josefa   13
Krisper, Josef   14
Krisper, Maria   14
Küng, Hans   81
Küng, Klaus   124

Lackner, Franz   9, 124, 128, 140, 143
Ladurner, Inge und Paul   86
Laun, Andreas   105, 124, 125
Lehmann, Karl   74
Leichtfried, Anton   124
Lidicky, Josef   130, 140
Linde van der, Anselm   124
Luciani, Albino (siehe auch Johannes Paul I.)   66

Mazzarello, Maria Domenica   43
Metz, Johann Baptist   81
Millonig, Philipp   76
Montini, Giovanni (siehe auch Paul VI.)   66

Neururer, Otto   86
Nitsch, Georg   32

Paul VI. (siehe auch Montini, Giovanni)   66
Penz, Ludwig   93, 146
Pius X. (siehe auch Sarto, Giuseppe)   18, 147

Quadrio, Giuseppe   35

Rahner, Karl   53, 65, 146, 147
Ratzinger, Joseph (siehe auch Benedikt XVI.)   53, 123, 126
Rua, Michael   63
Rusch, Paulus   102

Sarto, Giuseppe (siehe auch Pius X.)   18
Savio, Dominikus   32, 43
Scharl, Franz   124
Schauer, Karl   124
Scheuer, Manfred   108, 124
Schlier, Heinrich   35
Schmid, Franz   71
Schnackenburg, Rudolf   35
Schönborn, Christoph   96, 124
Schreier, Raimund   92, 108
Schwarz, Alois   124
Schwarz, Ludwig   30, 124
Sedmak, Clemens   132, 140
Söll, Georg   52, 62, 71
Squicciarini, Donato   76, 78, 143
Staa van, Herwig   92, 95, 102, 140
Stecher, Reinhold   84–87, 99, 100, 102, 130, 142, 146
Stefan, Otmar   133, 140
Steidl, Hermann   101, 140

Turnovszky, Stephan   124

Viganò, Ägidius   69

Wahl, Otto   69, 74
Waitz, Sigismund   91
Weber, Johann   86, 143

Werner, Christian   124
Wetter, Friedrich   74
Wiedner, Josef   18, 22, 50
Wojtiła, Karol (siehe auch Johannes Paul II.)   66, 67, 69

Zach, Martin   12, 13

Die Drucklegung dieses Werkes wurde unterstützt durch die Abteilung Kultur im Amt der Tiroler Landesregierung.

Bildnachweis: alle Fotos privat, ausgenommen S. 85 und S. 87 Walter Graf, Schwaz; S. 93 Archiv Notburga-Gemeinschaft, S. 124 Foto Kuss, Mariazell; S. 127 © Servizio Fotografico de L'Osservatore Romano, Rom
Foto in der Umschlagklappe: Reinhold Sigl

Mitglied der Verlagsgruppe „engagement"

2020
© Verlagsanstalt Tyrolia, Innsbruck
Umschlaggestaltung, Layout und digitale Gestaltung: Tyrolia-Verlag unter Verwendung eines Bildes von Reinhold Sigl
Druck und Bindung: FINIDR, Tschechien
ISBN: 978-3-7022-3837-7
E-Mail: buchverlag@tyrolia.at
Internet: www.tyrolia-verlag.at